O Divórcio
As Bases da Fé
E OUTROS TEXTOS

Rui Barbosa

TEXTO INTEGRAL

EDITORA AFILIADA

COLEÇÃO A OBRA-PRIMA DE CADA AUTOR

O Divórcio
As Bases da Fé
e outros textos

Rui Barbosa

TEXTO INTEGRAL

MARTIN CLARET

CRÉDITOS

© *Copyright* desta edição: Editora Martin Claret, 2008

**IDEALIZAÇÃO E
COORDENAÇÃO**
Martin Claret

ASSISTENTE EDITORIAL
Rosana Gilioli Citino

CAPA
Ilustração
Marcellin Talbot

MIOLO
Revisão
Durval Cordas
Waldir Moraes

Projeto Gráfico
José Duarte T. de Castro

Direção de Arte
José Duarte T. de Castro

Digitação
Graziella Gatti Leonardo

Editoração Eletrônica
Editora Martin Claret

Fotolitos da Capa
OESP

Papel
Off-Set, 70g/m²

Impressão e Acabamento
Paulus Gráfica

Editora Martin Claret Ltda. – Rua Alegrete, 62 – Bairro Sumaré
CEP: 01254-010 – São Paulo – SP
Tel.: (0xx11) 3672-8144 – Fax: (0xx11) 3673-7146
www.martinclaret.com.br / editorial@martinclaret.com.br
Agradecemos a todos os nossos amigos e colaboradores — pessoas físicas e jurídicas — que deram as condições para que fosse possível a publicação deste livro.

Impresso em 2008.

PALAVRAS DO EDITOR

A história do livro e a coleção "A Obra-Prima de Cada Autor"

MARTIN CLARET

Que é o livro? Para fins estatísticos, na década de 1960, a UNESCO considerou o livro "uma publicação impressa, não periódica, que consta de no mínimo 56 páginas, sem contar as capas".

O livro é um produto industrial.

Mas também é mais do que um simples produto. O primeiro conceito que deveríamos reter é o de que o livro como objeto é o veículo, o suporte de uma informação. O livro é uma das mais revolucionárias invenções do homem.

A *Enciclopédia Abril* (1972), publicada pelo editor e empresário Victor Civita, no verbete "livro" traz concisas e importantes informações sobre a história do livro. A seguir, transcrevemos alguns tópicos desse estudo didático sobre o livro.

O livro na Antiguidade

Antes mesmo que o homem pensasse em utilizar determinados materiais para escrever (como, por exemplo, fibras vegetais e tecidos), as bibliotecas da Antiguidade estavam repletas de textos gravados em tabuinhas de barro cozido. Eram os primeiros "livros", depois progressivamente modificados até chegarem a ser feitos — em grandes tiragens — em papel impresso mecanicamente, proporcionando facilidade de leitura e transporte. Com eles, tornou-se possível, em todas as épocas, transmitir fatos, acontecimentos históricos, descobertas, tratados, códigos ou apenas entretenimento.

Como sua fabricação, a função do livro sofreu enormes modificações dentro das mais diversas sociedades, a ponto de constituir uma mercadoria especial, com técnica, intenção e utilização determinadas. No moderno movimento editorial das chamadas sociedades de consumo, o livro pode ser considerado uma mercadoria cultural, com maior ou menor significado no contexto socioeconômico em que é publicado. Enquanto mercadoria, pode ser comprado, vendido ou trocado. Isso não ocorre, porém, com sua função intrínseca, insubstituível: pode-se dizer que o livro é essencialmente um instrumento cultural de difusão de idéias, transmissão de conceitos, documentação (inclusive fotográfica e iconográfica), entretenimento ou ainda de condensação e acumulação do conhecimento. A palavra escrita venceu o tempo, e o livro conquistou o espaço. Teoricamente, toda a humanidade pode ser atingida por textos que difundem idéias que vão de Sócrates e Horácio a Sartre e McLuhan, de Adolf Hitler a Karl Marx.

Espelho da sociedade

A história do livro confunde-se, em muitos aspectos, com a história da humanidade. Sempre que escolhem frases e temas, e transmitem idéias e conceitos, os escritores estão elegendo o que consideram significativo no momento histórico e cultural que vivem. E, assim, fornecem dados para a análise de sua sociedade. O conteúdo de um livro — aceito, discutido ou refutado socialmente — integra a estrutura intelectual dos grupos sociais.

Nos primeiros tempos, o escritor geralmente vivia em contato direto com seu público, que era formado por uns poucos letrados, já cientes das opiniões, idéias, imaginação e teses do autor, pela própria convivência que tinham com ele. Muitas vezes, mesmo antes de ser redigido o texto, as idéias nele contidas já haviam sido intensamente discutidas pelo escritor e parte de seus leitores. Nessa época, como em várias outras, não se pensava na enorme porcentagem de analfabetos. Até o século XV, o livro servia exclusivamente a uma pequena minoria de sábios e estudiosos que constituíam os círculos intelectuais (confinados aos mosteiros durante o começo da Idade Média) e que tinham acesso às bibliotecas, cheias de manuscritos ricamente ilustrados.

Com o reflorescimento comercial europeu, nos fins do século XIV, burgueses e comerciantes passaram a integrar o mercado livreiro da época. A erudição laicizou-se e o número de escritores aumentou, surgindo também as primeiras obras escritas em línguas que não o latim e o grego (reservadas aos textos clássicos e aos assuntos considerados dignos de atenção). Nos séculos XVI e XVII, surgiram diversas literaturas nacionais, demonstrando, além do florescimento intelectual da época, que a população letrada dos países europeus estava mais capacitada a adquirir obras escritas.

Cultura e comércio

Com o desenvolvimento do sistema de impressão de Gutenberg, a Europa conseguiu dinamizar a fabricação de livros, imprimindo, em cinqüenta anos, cerca de 20 milhões de exemplares para uma população de quase 10 milhões de habitantes, cuja maioria era analfabeta. Para a época, isso significou enorme revolução, demonstrando que a imprensa só se tornou uma realidade diante da necessidade social de ler mais.

Impressos em papel, feitos em cadernos costurados e posteriormente encapados, os livros tornaram-se empreendimento cultural e comercial: os editores passaram logo a se preocupar com melhor apresentação e redução de preços. Tudo isso levou à comercialização do livro. E os livreiros baseavam-se no gosto do público para imprimir, principalmente obras religiosas, novelas, coleções de anedotas, manuais técnicos e receitas.

Mas a porcentagem de leitores não cresceu na mesma proporção que a expansão demográfica mundial. Somente com as modificações socioculturais e econômicas do século XIX — quando o livro começou a ser utilizado também como meio de divulgação dessas modificações e o conhecimento passou a significar uma conquista para o homem, que, segundo se acreditava, poderia ascender socialmente se lesse — houve um relativo aumento no número de leitores, sobretudo na França e na Inglaterra, onde alguns editores passaram a produzir obras completas de autores famosos, a preços baixos. O livro era então interpretado como símbolo de liberdade, conseguida por conquistas culturais. Entretanto, na maioria dos países, não houve nenhuma grande modificação nos índices porcentuais até o fim da Primeira Guerra Mundial (1914/18), quando surgiram as primeiras grandes tiragens de um só livro, principalmente romances, novelas e textos didáticos. O número elevado de cópias, além de baratear o preço da unidade, difundiu ainda mais a literatura. Mesmo assim, a maior parte da população de muitos países continuou distanciada, em parte porque o livro, em si, tinha sido durante muitos séculos considerado objeto raro, atingível somente por um pequeno número de eruditos. A grande massa da população mostrou maior receptividade aos jornais, periódicos e folhetins, mais dinâmicos e atualizados, e acessíveis ao poder aquisitivo da grande maioria. Mas isso não chegou a ameaçar o livro como símbolo cultural de difusão de idéias, como fariam, mais tarde, o rádio, o cinema e a televisão.

O advento das técnicas eletrônicas, o aperfeiçoamento dos métodos fotográficos e a pesquisa de materiais praticamente imperecíveis fazem alguns teóricos da comunicação de massa pensarem em um futuro sem os livros tradicionais (com seu formato quadrado ou retangular, composto de folhas de papel, unidas umas às outras por um dos lados). Seu conteúdo e suas mensagens (racionais ou emocionais) seriam transmitidos por outros meios, como por exemplo microfilmes e fitas gravadas.

A televisão transformaria o mundo todo em uma grande "aldeia" (como afirmou Marshall McLuhan), no momento em que todas as sociedades decretassem sua prioridade em relação aos textos escritos. Mas a palavra escrita dificilmente deixaria de ser considerada uma das mais importantes heranças culturais, entre todos os povos.

Através de toda a sua evolução, o livro sempre pôde ser visto como objeto cultural (manuseável, com forma entendida e interpretada em função de valores plásticos) e símbolo cultural (dotado de conteúdo, entendido e interpretado em função de valores semânticos). As duas maneiras podem fundir-se no pensamento coletivo, como um conjunto orgânico (onde texto e arte se completam, como, por exemplo, em um livro de arte) ou apenas como um conjunto textual (onde a mensagem escrita vem em primeiro lugar — em um livro de matemática, por exemplo).

A mensagem (racional, prática ou emocional) de um livro é sempre intelectual e pode ser revivida a cada momento. O conteúdo, estático em si, dinamiza-se em função da assimilação das palavras pelo leitor, que pode discuti-las, reafirmá-las, negá-las ou transformá-las. Por isso, o livro pode ser considerado instrumento cultural capaz de liberar informação, sons, imagens, sentimentos e idéias através do tempo e do espaço. A quantidade e a qualidade de idéias colocadas em um texto podem ser aceitas por uma sociedade, ou por ela negadas, quando entram em choque com conceitos ou normas culturalmente admitidos.

Nas sociedades modernas, em que a classe média tende a considerar o livro como sinal de *status* e cultura (erudição), os compradores utilizam-no como símbolo mesmo, desvirtuando suas funções ao transformá-lo em livro-objeto. Mas o livro é, antes de tudo, funcional — seu conteúdo é que lhe dá valor (como os livros de ciências, filosofia, religião, artes, história e geografia, que representam cerca de 75% dos títulos publicados anualmente em todo o mundo).

O mundo lê mais

No século XX, o consumo e a produção de livros aumentaram progressivamente. Lançado logo após a Segunda Guerra Mundial (1939/45), quando uma das características principais da edição de um livro eram as capas entreteladas ou cartonadas, o livro de bolso constituiu um grande êxito comercial. As obras — sobretudo *best sellers* publicados algum tempo antes em edições de luxo — passaram a ser impressas em rotativas, como as revistas, e distribuídas nas bancas de jornal. Como as tiragens elevadas permitiam preços muito baixos, essas edições de bolso popularizaram-se e ganharam importância em todo o mundo.

Até 1950, existiam somente livros de bolso destinados a pessoas de baixo poder aquisitivo; a partir de 1955, desenvolveu-se a categoria do livro de bolso "de luxo". As características principais destes últimos eram a abundância de coleções — em 1964 havia mais de duzentas, nos Estados Unidos — e a variedade de títulos, endereçados a um público intelectualmente mais refinado. A essa diversificação das categorias adiciona-se a dos pontos-de-venda, que passaram a abranger, além das bancas de jornal, farmácias, lojas, livrarias, etc. Assim, nos Estados Unidos, o número de títulos publicados em edições de bolso chegou a 35 mil em 1969, representando quase 35% do total dos títulos editados.

Proposta da coleção
"A Obra-Prima de Cada Autor"

"Coleção" é uma palavra há muito tempo dicionarizada e define o conjunto ou reunião de objetos da mesma natureza ou que têm alguma relação entre si. Em um sentido editorial, significa o conjunto não-limitado de obras de autores diversos, publicado por uma mesma editora, sob um título geral indicativo de assunto ou área, para atendimento de segmentos definidos do mercado.

A coleção "A Obra-Prima de Cada Autor" corresponde plenamente à definição acima mencionada. Nosso principal objetivo é oferecer, em formato de bolso, a obra mais importante de cada autor, satisfazendo o leitor que procura qualidade.*

Desde os tempos mais remotos existiram coleções de livros. Em Nínive, em Pérgamo e na Anatólia existiam coleções de obras literárias de grande importância cultural. Mas nenhuma delas superou a célebre biblioteca de Alexandria, incendiada em 48 a.C. pelas legiões de Júlio César, quando estas arrasaram a cidade.

A coleção "A Obra-Prima de Cada Autor" é uma série de livros a ser composta por mais de 400 volumes, em formato de bolso, com preço altamente competitivo, e pode ser encontrada em centenas de pontos-de-venda. O critério de seleção dos títulos foi o já estabelecido pela tradição e pela crítica especializada. Em sua maioria, são obras de ficção e filosofia, embora possa haver textos sobre religião, poesia, política, psicologia e obras de auto-ajuda. Inauguram a coleção quatro textos clássicos: *Dom Casmurro*, de Machado de Assis; *O Príncipe*, de Maquiavel; *Mensagem*, de Fernando Pessoa, e *O lobo do mar*, de Jack London.

Nossa proposta é fazer uma coleção quantitativamente aberta. A periodicidade é mensal. Editorialmente, sentimo-nos orgulhosos de poder oferecer a coleção "A Obra-Prima de Cada Autor" aos leitores brasileiros. Nós acreditamos na função do livro.

---

* Atendendo a sugestões de leitores, livreiros e professores, a partir de certo número da coleção começamos a publicar, de alguns autores, outras obras além da sua obra-prima.

O Divórcio

O divórcio no Senado*

Aprovou o Senado, há quatro dias, em primeira discussão, o projeto do divórcio. Noticiando esse fato lamentável, dissemos que ele não correspondia à opinião daquela câmara. O nosso Naquet mesmo confessou de plano a sua certeza dos maus fados, que ali aguardam o inocente, batizado pelo seu ilustre autor em nome da Convenção Francesa, nossa "mãe espiritual". Não é mistério para quem freqüenta aquela casa que os votos ali se definirão daqui a pouco em sentido inverso ao exprimido no escrutínio do 1º do corrente. Este primeiro resultado não passa de uma demonstração de complacência, que se explica pelos hábitos desse ramo de congresso, aliás no caso mal invocados. Na primeira discussão, que se reputa de mero expediente, é de praxe habitual o voto aprobativo, ainda nas matérias a que se sabe decididamente oposto o sentir daquela assembléia. Não se generalizou, porém, assim esse uso, que, sistematizado por este modo, inutiliza aquela fase do processo legislativo, e logicamente deveria levar a

---

* Fonte: *A Imprensa*, Rio de Janeiro, 5 de agosto de 1900.

aboli-la por desnecessária, senão porque, em regra, nesse período inicial da elaboração dos projetos não há debate. A primeira discussão não discute: é uma formalidade silenciosa, terminada simbolicamente pelo sufrágio mudo. E então era de justiça que, esperando-se o parecer das comissões durante o intervalo da primeira discussão para a segunda, só nesta se pronunciasse, *depois de ouvir as partes*, a primeira sentença dos legisladores.

Mas, na hipótese, não havia, para essa aparente homenagem a uma idéia, que o Senado não adota, e a nação abomina, o motivo, que autoriza esses estilos de tolerância e cortesia. Não o havia, porque na primeira discussão, desta vez, a tribuna derramara a sua luz. A novidade, que já o não era para o Senado, onde por larga maioria fora condenada uma vez, tinha tido o seu plenário com audiência das duas opiniões opostas. O projetista da reforma falara em seu prol três vezes, ouvindo-se, por outro lado, contra ela dois discursos. Estavam, portanto, satisfeitas, para com a idéia e o seu introdutor, as tradições de eqüidade e polidez que o costume transformou em lei naquele recinto. O que se deu, pois, foi um rasgo de condescendência, ao qual não favorecia o apoio das razões que no comum dos casos a legitima. E não nos parece que fosse justo, nem prudente, render esse preito de consideração, no Brasil, a uma tentativa que, aferida pelos sentimentos do país, seu estado social, sua consciência moral e religiosa, não traduz mais que uma excentricidade bem caracterizada pelo próprio autor do projeto, quando, no Senado, comparou a sua situação à de Milton[1], advogando o divórcio, na Inglaterra, dois séculos antes que ela o viesse admitir.

Por nossa parte não nos incomodaria o fato, que antes nos traz a vantagem de podermos ventilar, nestas colunas, a questão a todos os aspectos, evidenciando a extravagância, a malefi-

---

[1] John Milton (1608-1674), inglês, político, dramaturgo e estudioso de teologia, autor de *O paraíso perdido*, entre outras obras. (N. do E.)

cência, o exotismo da imitação que, há três anos, bate com insistência pertinaz à porta das duas câmaras republicanas. Sentimo-nos felizes em ter, graças a esta circunstância, ensejo de contribuir com alguns elementos persuasivos, para fortalecer no espírito dos nossos conterrâneos a repugnância a uma instituição que entre nós com pouco mais conta de admiradores que um estreitíssimo grupo de interessados na inovação e alguns homens de letras, cuja cultura abstrata confunde o Brasil com a França, a Alemanha e os Estados Unidos.

Mas os propagandistas da mercadoria refugada pela cristandade brasileira não perderão a oportunidade, que lhes ministra o efêmero triunfo, de registrar no fato um sintoma animador para as suas aspirações, um incentivo à reprodução ânua destas acometidas "à maior, à mais antiga, à mais universal de todas as instituições sociais", na frase de Gladstone[2], a grande instituição do casamento. Dir-se-á, quando tivermos rechaçado o assalto, que foram precisas duas batalhas sucessivas, para o repelir. Colher-se-á daí que não é tamanha, como se presumiria, e se inculca, a hostilidade, entre os mandatários do povo, à revolução planejada nesse tentame. Tanto mais vantajosamente se jogará com a inferência, quanto vem do Senado o argumento, e com ele raciocina. E destarte se dirá menos impenetrável do que se suporia a uma temeridade tamanha como a do divórcio entre nós o ramo mais conservador, mais prudente, mais reflexivo da legislatura. Continuando a discorrer, enfim, sobre estas premissas, se concluirá que os divorcistas estão menos longe da vitória do que os seus antagonistas pretendem, e que alguns anos mais de persistência nesta reivindicação subversiva da felicidade dos nossos lares bastarão, para nos inscrever, macaqueadores satisfeitos do protestantismo germânico e da impiedade francesa, no rol dos povos civilizados pela poligamia ocidental.

---

[2] William Ewart Gladstone (1809-1898), político liberal britânico, por quatro vezes primeiro-ministro do Reino Unido. (N. do E.)

Aqui está por que deploramos que o Senado brasileiro transigisse, neste assunto, com uma pragmática de cuja aplicação o eximia a especialidade do caso, em vez de assumir imediatamente a responsabilidade de sua opinião, e deixar manifesta logo no primeiro encontro a franqueza da minoria, a cujo erro concedeu honras imerecidas.

Ou muito nos enganamos, ou na indulgência dos senadores adversos ao divórcio, que o obsequiaram com a momentânea maioria daquela sessão, transparece claramente umas dessas debilidades que têm sido, especialmente entre os latinos, a desgraça das opiniões moderadas e a fortuna das radicais. Gabba[3], a propósito da atitude recolhida e modesta dos antidivorcistas na Itália, notava precisamente a incongruência e os perigos dessa timidez. "Quantos personagens estimabilíssimos, entre deputados e senadores", escrevia ele, "inimigos do divórcio, e por mim solicitados a fazerem para logo profissão pública da sua fé, não têm andado a se evadir, mendigando pretextos, e reservando-se, ora para o debate na câmara baixa, quando terão contra si toda a coorte ministerial, ora para o da câmara alta, já prejudicada a questão de modo bem dificilmente reparável por uma deliberação da outra!"

Neste receio de parecermos atrasados pela fidelidade às coisas antigas, acaba a gente por se envergonhar da língua, da religião, da história, da nacionalidade e do siso comum. Nem tanto obedecer ao cativeiro da moda, que nos seduz a esdruxularia dos *incroyables*[4] do Diretório, renascente nos arremedos gálicos da teoria do amor fácil, e nos sintamos jarretas,

---

[3] Carlo Francesco Gabba (1835-1920), jurista e político italiano. (N. do E.)

[4] Partidários do golpe de 1794 que deu fim ao regime de Robespierre, instituído após a Revolução Francesa; membros da burguesia conservadora, desejosos de afirmar seu reacionarismo político, assumiram um modo de vestir extravagante, sendo conhecidos como *incroyables* e *merveilleuses*. (N. do E.)

por vestir, em matéria de moral doméstica, ao gosto dos espíritos mais livres, desde Heine a Bentham e Hegel, desde Augusto Comte a Proudhon[5] e a Gladstone. Pelo que nos toca, muito à vontade nos sentimos nesta roda, para erguer a cabeça com o desembaraço do bom senso, dizendo como Lutero[6], que não cheirava a sacristia: *"Ego quidem detestor divortium"*[7].

---

[5] Christian Johann Heinrich Heine (1797-1856), poeta romântico alemão; Jeremy Bentham (1748-1832), filósofo e jurista inglês; Georg Wilhelm Friedrich Hegel (1770-1831), filósofo alemão, maior expoente do idealismo e grande influenciador do pensamento de Karl Marx; Isidore Auguste Marie François Xavier Comte (1798-1857), filósofo francês, precursor da sociologia e do positivismo; Pierre-Joseph Proudhon (1809-1865), político e economista, principal anarquista francês. (N. do E.)

[6] Martinho Lutero (1483-1546), teólogo alemão, inspirador da Reforma Protestante. (N. do E.)

[7] Em latim: Eu, de minha parte, abomino o divórcio. (N. do E.)

O divórcio e a nação*

"Está hoje a nossa Itália entre aqueles países onde os doutrinários a menores reservas se sujeitam, e gozam de maior impunidade. Em gravíssimos assuntos, já de política, já de direito, surgem de quando em quando, à guisa de cogumelos, inopinadas propostas, muita vez arriscadíssimas, e com igual rapidez passam de um pequenino círculo de obscuros *diletanti* para o da representação nacional, sem que o público as haja entendido, quanto mais aprovado, ou reclamado." Assim se enunciava, naquela terra, faz vinte anos, um dos seus maiores luminares na jurisprudência e nos estudos sociais, acudindo em socorro da indissolubilidade do casamento, ameaçada com a proposta revogação do artigo 148 do Código Civil. Ao tribunal, onde se tinha de julgar o pleito agitado pelo radicalismo inovador, citavam os seus adeptos a Europa quase toda e a melhor parte do nosso continente. Apelando, porém, para o consenso dos povos estranhos, esqueciam os entusiastas da reforma a autoridade capital no assunto: o

---

* Fonte: *O Imparcial*, Rio de Janeiro, 6 de agosto de 1900.

sentimento da nacionalidade cujas instituições mais venerandas se tratava de mudar. E isso afigurava-se absurdo ao grande jurisconsulto: "Em matéria de autoridade", contraditava ele, "quer-me parecer que alguma coisa vale também a do povo italiano, entre as dos outros, ao menos quanto ao que na Itália se tem de fazer".

Não foram vãos esses embargos. O projeto de 1881, conquanto firmado no prestígio oficial do gabinete, cujo guarda-selos o apresentava como um ato da iniciativa do governo, teve o desastrado fim de que era digno; e, apesar de mantida sempre em ordem do dia a propaganda malfazeja no círculo dos agitadores, empenhados em revolucionar a família, vinte anos há que a legislação italiana resiste sem abalo aos choques da campanha subversiva.

Ora, menos direito não temos hoje de perguntar, no Brasil, aos apologistas dessa incomparável transformação no gênio da família, entre nós, pelas credenciais que os habilitam a encarar no velho foral cristão do matrimônio, que nossos pais nos legaram, essa veniaga de má nota. Dos membros em que se divide a federação brasileira, qual é aquele a que o divórcio seria bem aceito? A câmara da praça da República representa os estados. Deles qual será o que não repeliria energicamente o divórcio, se se procedesse no seu seio a uma eleição com essa consulta por objeto? Qual o que já viu discutir, na sua imprensa, ou nas suas associações, esta pretensão arrojada? Qual o que por ela já teve ocasião de manifestar a menor simpatia? Em todo o norte não conhecemos nenhum. Estará porventura no sul? Mas então quiséramos que no-lo indicassem. Acaso o Rio de Janeiro, com as suas tradições conservadoras? Minas, com o entranhado fervor do seu catolicismo? São Paulo, com a constância dos seus hábitos religiosos? Ou o Rio Grande do Sul, com o horror ao divórcio estampado no positivismo do seu governo? O autor do projeto representa, naquela casa, o estado de Sergipe, como o Sr. Gomes de Castro o do Maranhão e o Sr. Rui Barbosa o da Bahia. Estes dois julgaram-se obrigados, por lealdade à opinião dos seus constituintes, a negar o voto *in limine*[1] à travessura sergipana. Que razões tem o Sr. Martinho Garcez para supor que a sua terra natal o acompanhe nesta aventura? Onde lhe conferiu ela poderes, para se servir do seu mandato em favor deste salto radical? Deu-lhe S. Exa., antes, durante ou após a eleição, a pressentir que em seu nome, pelo seu embaixador no conselho dos estados, se advogaria medida semelhante?

Bem sabe ele que não. E tanto o sabe que, posto, no debate, por esta interrogação entre a espada e a parede, respondeu que, neste país, todas as reformas, todas as revoluções, desde a que extinguiu o elemento servil até à que acabou com a monarquia, se consumaram sem a colaboração nacional. Tão certo é que os abismos se atraem, e correspondem! Para se justificar de uma temeridade, não dizemos de um abuso, como o de surpreender uma nação que nunca pensou em divórcio, com a subitânea introdução desse princípio destruidor num meio com ele inconciliável, teve de proclamar solenemente o nobre senador a mentira do regime atual nas suas origens, do sistema representativo entre nós em todas as suas funções, dos chamados representantes do povo em todos os seus atos.

É ir longe demais; porque houve outrora, no Brasil, grandes mutações legislativas concluídas com o mais ativo concurso do sentimento popular. Tais o ato adicional, a reforma judiciária, a lei de 28 de setembro, a de 13 de maio. Todas essas conquistas liberais foram impostas pelo temperamento liberal da época aos próprios conservadores. A nação era descentralizadora em 1831, queria em 1871 a reforma da lei de 3 de dezembro, e em 1888 estava com os abolicionistas. Ao menos todas essas transformações do direito brasileiro foram aparelhadas por dezenas de anos de proselitismo, reclamadas por grandes partidos e confirmadas pelo eco de largos aplausos.

---

[1] "No limiar" ou "de início", em latim; significa, em linguagem parlamentar, a rejeição completa de um projeto de lei. (N. do E.)

Se a república não teve a mesma fortuna como alega o senador sergipano, se caiu sobre o país improvisamente, esse deve certamente ser, nas tribulações dela, o mal de todos os males. E S. Exa. não corrige o lastimável efeito de uma confissão tão indiscreta em lábios como os seus, atalhando as manifestações admirativas do auditório com o acerto de que o Brasil, inteiramente monarquista em 15 de novembro, estava convertido à república no dia seguinte. Não: a emenda foi pior que o soneto. Com franqueza: se Paris valia uma missa, a defesa do divórcio não vale essa concessão terrível de um republicano de tão boa água aos amigos da restauração.

Seja como for, porém, de que a república só por uma sanção póstuma se harmonizasse com a vontade popular, não resulta, para os seus congressos, o direito de reproduzirem eternamente a ditadura de 1889, substituindo sempre, nos casos mais graves, pela sua vontade a da nação, reduzida a mera chancelaria das revoluções legislativas adotadas em seu nome. Mas, se esse é o direito político destes tempos, professando-o com tal solenidade, ou tal desplante, os homens aditos a esta ordem de coisas têm lavrado a sentença da sua ilegitimidade e da sua morte. Um regime onde a legislatura, em vez de ser o órgão incorruptível da soberania nacional, se converte em mecanismo destinado a falsificá-la, e deita pregão desta monstruosidade, não pode subsistir senão pela inércia dos organismos decompostos.

Por mais que se conceda, porém, a essa doutrina imprudente e provocadora, não há meio de passar à sua sombra o contrabando colossal do divórcio. Alterar, como por ele se altera, a substância do casamento, a maior das instituições civis, sagrada matriz da família e, pela família, matriz da sociedade, é operar uma revolução orgânica na estrutura moral de um povo, e, portanto, deitar a barra muito além das revoluções políticas, fatos superficiais que apenas modificam a forma exterior dos governos. Desde que a França restabeleceu, em 1816, a indissolubilidade matrimonial, até que a abjurou de novo em 1884, teve de passar por não menos de cinco constituições diversas, atravessando a restauração, a monarquia de julho, a república de fevereiro, o império, a república de setembro, sem que, apesar dessas comoções e dessas catástrofes, o divórcio a conseguisse invadir.

Já se vê que é mais sério tocar na família que no Estado. Neste a política freqüentemente usurpa os direitos do povo. Mas, no que diz respeito àquela, o legislador, se não perdeu o juízo, há de consultar os sentimentos da sociedade, e governar submisso à maioria.

III

A mãe dos adiantados*

Não nos podemos enganar sobre a proveniência do melhoramento cuja introdução na família brasileira ventila a câmara dos senadores. O ilustrado autor do projeto removeu, quanto a isso, as dúvidas, pondo a sua iniciativa sob as asas da Convenção Francesa, "mãe espiritual de todo homem adiantado". Ora, ainda que nos doa magoar-lhe a piedade filial, não acabamos conosco deixar[1] de lhe dizer francamente que não podia colar à sua mercadoria mais infausta marca.

O mundo contemporâneo não aceita essa filiação, que a história e a evidência desmentem. Todos os ideais científicos do nosso tempo, a natureza das nossas liberdades, o espírito das nossas instituições, a tendência dos nossos costumes reagem contra a ilusão dessa linhagem, com que a preocupação francesa transvia alguns dos nossos literatos. Na própria França a ninhada intelectual dos que ainda catam o cibalho na farragem dos

---

* Fonte: *O Imparcial*, Rio de Janeiro, 7 de agosto de 1900, reeditado a 8 com uma errata.

legados da terrível assembléia está quase reduzida aos desequilibrados do radicalismo, da comuna e da anarquia. A imprensa em edições sucessivas exumou contra a superstição revolucionária o tremendo arquivo da verdade. Quiséramos que os homens da nossa geração republicana, quando não tivessem a paciência de chegar até ao opulento manancial das *Memórias* do tempo, a Malouet, a Gouverneur Morris, a Mallet du Pan, a Rivarol, ao chanceler Pasquier, a Dauban, a Chateaubriand, a Hyde de Neuville[2], compulsassem, ao menos, Taine, Sorel, Biré, o próprio Quinet[3]; e verificariam que o culto através do qual nos surde agora a apologia do divórcio é o que o famoso escritor das *Origens da França contemporânea* debuxava na pinturesca reminiscência de Clemente de Alexandria[4]: o crocodilo egípcio, ou a serpente das aluviões lodosas do Nilo, espojando-se num tapete de púrpura, sob véus tecidos de ouro, à sombra do santuário, entre os rolos de incenso de uma adoração insensata.

Não teríamos agora onde esboçar a figura dessa entidade monstruosa, sobre a qual imperaram, sucessiva ou promiscuamente, todos esses gigantes do crime, a que o Terror deu proporções espectrais: imperou Marat, o louco, imperou Danton,

---

[2] Victor-Pierre Malouet (1812-1878), político francês; Gouverneur Morris (1752-1816), líder federalista americano e diplomata, um dos signatários da Constituição dos Estados Unidos de 1789; Jacques Mallet du Pan (1749-1800), jornalista genebrino; Antoine de Rivarol (1753-1801), escritor francês; Étienne-Denis Pasquier (1767-1862), político francês; Charles-Aimé Dauban (1820-1876), escritor, diplomata e político francês; François-René Auguste de Chateaubriand (1768-1848), escritor, diplomata e político francês; Jean-Guillaume Hyde de Neuville (1776-1857), diplomata e político francês. (N. do E.)

[3] Hippolyte Adolphe Taine (1828-1893), crítico e historiador francês; Albert Sorel (1842-1906), historiador francês; Edmond Biré (1829-1907), escritor francês; Edgar Quinet (1803-1875), historiador e escritor francês. (N. do E.)

[4] Tito Flávio Clemente (150-215), escritor e teólogo cristão grego, canonizado pela Igreja Católica. (N. do E.)

o bárbaro, imperou Robespierre, o *cuistre*, imperou Barre[5], o ignóbil, imperou a comédia, imperou o medo, imperou a embriaguez, imperou a histeria, imperou a alucinação, imperou o ridículo e o disforme, o bestial e o atroz; reunião inverossímil de ideólogos e exterminadores, histriões e mártires, assassinos e estadistas; e estupendo misto de audácia e cobardia, imoralidade e patriotismo, demência, cinismo e ambição. Mas, uma vez que, mais de cem anos após o cataclismo providencial que a submergiu, a evocam ainda como a paraninfa de uma lei regeneradora, força é procurar onde estão os seus títulos a apadrinhar novidades controversas, a abonar melhoramentos suspeitos.

São de 24 a 29 de agosto de 1793 as medidas com que a Convenção Francesa ultimou a organização do divórcio, decretado pela assembléia nacional em setembro de 1792. Pois bem: qual era então o estado psicológico da famigerada assembléia?

O princípio do mês assinalara-se com o decreto que extinguia todas as academias francesas, denunciadas pelo pintor David[6] como o derradeiro refúgio "de todas as aristocracias". Robespierre, designado pela primeira vez a tais honras, ocupara, no dia 22, a poltrona presidencial.

Os reveses dos exércitos republicanos desvairavam a política jacobina. Foi sob esses auspícios que o truculento advogado se sentou no trono da ditadura legislativa. Aos acentos da sua eloqüência homicida tudo se resolvia em conspirações e traições: traidores os generais, traidores até os *indigentes* e *mendigos*, traidora sobretudo a imprensa. Os jornalistas eram "evidentemente cúmplices de Londres e Berlim, homens estipendiados pelo inimigo, destinados à tarefa cotidiana de

---

[5] Jean-Paul Marat (1743-1793), Georges Jacques Danton (1759-1794), Maximilien François Marie Isidore de Robespierre (1758-1794), Bertrand Barère de Vieuzac (1755-1841), todos expoentes da Revolução Francesa. (N. do E.)

[6] Jacques-Louis David (1748-1825). (N. do E.)

caluniar o povo e os patriotas". Urgia "cair sobre esses indivíduos odiosos, de cuja pena cada um dos traços era mais um crime adicionado aos anteriores, e cuja existência de dia em dia se tornava mais perniciosa à sociedade". A guilhotina andava *devagar*. O tribunal revolucionário *remanchava*. "Um tribunal criado para acelerar a revolução não a devia desandar com essa lentidão criminosa." Cumpria abolir todas as formas do processo, não admitir senão uma pena: a morte, e aplicá-la *ipso facto*. Eis as palavras textuais do presidente da Convenção no dia 22 de agosto. Eis as inspirações, o programa da grande assembléia. E foi sob essa obsessão, nessa atmosfera, entre os carniceiros desse matadouro, que dois dias depois ela dava à luz a sua reforma do divórcio. Tal o parto, de que havemos de ser irmãos, o ventre, de que nos devemos considerar prole. Com esta educação histórica nos estadistas brasileiros, que nacionalidade lhes sairá do amassadouro? E são os homens imbuídos nestas desgraçadas superstições os que inculcam anunciar o futuro, e acusam de preconceito os seus antagonistas.

Deixemos, porém, de parte os atentados da Convenção contra a humanidade, a sua espúria moral, a sua liberdade tirânica, e concentremo-nos em um só ponto, naquele dos seus atos onde se deveria achar condensada a filosofia social e a ciência política dos seus corifeus: a constituição, com que ela dotou a pátria. Mais de dois anos consumira a assembléia nacional em fazer a constituição de 1791. Na de 1793, da concepção ao nascimento medearam quinze dias. Aos 7 de junho Herault-Sechelles, em nome da comissão dos cinco, acordava nas estantes da Biblioteca Nacional as gargalhadas de Molière[7], requisitando "com urgência" um exemplar das *leis de Minos*[8]. Quarenta e oito horas depois estava elaborado o projeto, que

---

[7] Jean-Baptiste Poquelin (1622-1673), dramaturgo e ator francês. (N. do E.)

[8] Codificação das leis dos povos helênicos, que teria sido obra de Licurgo de Esparta e Sólon, no século VI a.C. (N. do E.)

a Convenção aprovou em onze sessões, quase sem debate a respeito dos principais artigos.

O novo código da França consagrava, no artigo 43, a inviolabilidade dos membros do corpo legislativo. Pois no mesmo dia, no dia 15 de junho, em que a adotou, a Convenção entregava o deputado Duchastel ao tribunal da guilhotina. No dia 17, sob proposta de Ramel, um dos cinco membros da comissão que fizera o novo ato constitucional, mandava prender o deputado Brissot e o deputado Barbaroux. Destarte uns após outros, sob o domínio da garantia tutelar, passaram dos bancos legislativos às masmorras, das masmorras ao cadafalso girondinos, dantonistas, hebertistas, robespierristas. Eis como nossa mãe espiritual praticava seus princípios.

Mas ao menos valiam esses princípios alguma coisa? Ou tinham eles, no que para alguma coisa prestasse, novidade, cujo merecimento coubesse à progenitura dos *homens adiantados*? Tudo quanto se sabe hoje de direito político, de crítica histórica, de ciência constitucional responde negativamente.

Emanação do *Contrato social* e da filosofia, hoje fóssil, de Rousseau[9], o improviso de junho de 1793 era apenas uma redução à miniatura das abstrações e dos excessos, das fantasmagorias e dos sonhos sociais, que condensaram naquela época todos os crimes da anarquia e do absolutismo.

Não se podia estampar num espelho de aço mais puro a inanidade e a impraticabilidade da ideologia jacobina, "ora exagerando os direitos dos governados, ao ponto de suprimir os dos governantes, ora exagerando os direitos dos governantes, ao ponto de acabar com os dos governados", considerando aqui o povo "como o único soberano, e tratando-o ali como escravo", falando no governo "como de um lacaio, e dando-lhe as prerrogativas de um sultão". No corpo legislativo se

---

[9] Jean-Jacques Rousseau (1712-1778), filósofo, escritor, teórico político e musicista genebrino, autor, entre outras obras, de *O contrato social*. (N. do E.)

resume toda a autoridade. É uma câmara só, e nomeia a administração nacional sob a forma de um *conselho executivo*, composto de vinte e quatro membros sem relações mútuas nem autoridade pessoal. Esse despropósito, emblema ou resto vão do poder executivo, composto de agentes da legislatura, renova-se por designação desta cada seis meses. De modo que na legislatura, sem o temperamento ao menos da dualidade nas câmaras, reside em última análise a soberania plena. Mas esta soberania muda anualmente de mãos; e por eleições anuais se substituem as municipalidades, as administrações dos distritos, as departamentais, os juízes de paz, os juízes do cível, os juízes do crime, os juízes do tribunal de cassação. Era o moto-contínuo transformado em sistema constitucional. Desse mecanismo em perpétua dobadoura a principal mola estava no sufrágio universal. Da assembléia, que provia, ao mesmo tempo, os comandos militares, exercia poderes judiciários e acusava os réus de crimes contra o Estado, baixavam as leis propostas ao povo. Este, porém, não exercia o seu simulacro de última alçada legislativa senão por um artifício tão complicado quão praticamente inútil, de onde uma constituição positivista no Brasil republicano foi buscar o seu molde.

Tal "a obra malsã da teoria e do medo", que Herault-Sechelles relatava na tribuna, ensaiando as lições de declamação de Mlle. Clairon, enquanto a galeria apontava numa das tribunas a bela Susanne, que o namorado relator conduzira em pessoa à sessão. Era a essa mundana, *ex-femme* Quillet, admitida à aristocracia revolucionária sob a graduação de *Madame de Morency*, que o obsceno companheiro de Danton e Desmoulins na ascensão à guilhotina endereçava, mais tarde, ao seguir para a missão do Monte Branco, este amável bilhete: "Ide algumas vezes à Assembléia em memória minha. Adeus. Os animais escarvam o chão de impacientes, supõem-me os companheiros *nacionalmente* ocupado, quando eu não o estou senão amorosamente com a minha mui cara Susanne". O divórcio não pode ser indiferente a estes idílios da nossa velha mãe espiritual.

Mas fechemos o parêntese. Não tardou a festa glorificadora. No dia 10 de agosto, aniversário da extinção da realeza, transborda a praça da Bastilha com a parada colossal, onde os oradores, profetizando, asseguram à nova constituição *eternidade*. Ora bem: *logo no dia imediato*, após um falso movimento de restituição do seu mandato ao povo, a Convenção Nacional promove, aceita, declara a sua ditadura. Danton agradece aos delegados do povo a *iniciativa do Terror*, e de então em diante ficou sendo o Terror exclusivamente a constituição da França. A de 1793, adiada ao nascedouro, não se pôs em execução nunca mais.

Nem o monstro tinha adaptação possível à realidade. Os próprios direitos que ela declarava eram aberrações, demasias, quimeras, ou imposturas. O artigo 26 encerrava no bojo a onipotência dos clubes. O artigo 32 punha acima da lei o direito de petição. O artigo 28 proclamava sem limites a reformabilidade constitucional. O artigo 21 continha em embrião o princípio das oficinas nacionais e do direito ao trabalho, que funestou a república de 1848. Outro artigo decretava a morte instantânea dos usurpadores. O artigo 35 estipulava o direito da insurreição. Verdade seja que no artigo 122 se encontrava indefinidamente prometida a igualdade, a segurança, a propriedade, o exercício livre dos cultos, a liberdade de imprensa, o direito de reunião e associação, "o gozo", em suma, "*de todos os direitos do homem*". Mas essa fórmula verbal e declamatória não tinha no organismo das instruções ali traçadas a mínima garantia: antes o que da estrutura delas resultava era o arbítrio, o despotismo, o governo da multidão, a onipotência das facções, a alternativa entre a desordem e a ditadura.

Todos esse direitos, ali reduzidos a uma tabuleta de charlatão, existiam entretanto, animados por uma vigorosa realidade muito antes que a França os conhecesse em meros catálogos legislativos na constituição de 1793 e na célebre Declaração de 1789, mais tarde adicionada à constituição de 1791. A Inglaterra os reunira um século mais cedo no seu *bill* de 1689, aliás mera consolidação de foros preexistentes. E, por herança da Inglaterra, as colônias americanas, reproduzindo cartas e constituições anteriores, os tinham consignado solenemente na Declaração de Direitos lavrada em Filadélfia aos 14 de outubro de 1774. Desse traslado é que ulteriormente, *daí a quinze anos*, saía a cópia francesa, *malfeita, nunca praticada e meramente abstrata*, da grande revolução.

Os povoadores da América do Norte transpuseram o oceano, conduzindo como viático sagrado o *common law* inglês, onde palpitava inteira a liberdade moderna. O foral dos mais antigos, os colonos de Plymouth, já enumerava esse júri, que os homens adiantados hoje nos pretendem roubar, e todas essas garantias judiciárias, de que se ensoberbecem as melhores constituições dos nossos dias. O Connecticut adotou um ato semelhante em 1639; Nova York, outro análogo em 1691, reiterado em 1708. Massachusetts promulgou em 1641 o seu admirável *Corpo de Liberdades*. Semelhantemente a Virgínia teve a sua declaração de direitos em 1624 e 1676; a Pensilvânia, em 1682; Maryland, em 1639 e 1650; Rhode Island, em 1663; a Carolina, em 1667; New Jersey, em 1664 e 1683. A liberdade religiosa estabeleceu-se no Maryland em 1649, no Rhode Island em 1663, em New Jersey desde 1665, na Carolina desde 1691, na Geórgia desde 1732. Desde 1694 expirara na Grã-Bretanha a censura sobre a imprensa. O direito de petição chegara ali ao seu estado atual desde 1779. A milícia, cujas origens remontam, naquele país, ao século XII, firmava definitivamente a sua existência popular em 1757. A inviolabilidade pessoal, a domiciliar, a da propriedade individual são quase coevas do berço da nação inglesa. Data da Magna Carta, isto é, de 1215, o direito à indenização nas desapropriações de interesse geral. No *Bill* de Direitos que coroou a revolução de 1688 já os ingleses consagravam a fiança criminal. Em suma, de 1215 a 1774 tinha a família anglo-saxônia amadurecido numa prática secular todos esses princípios adiantados, que a Convenção Francesa não entendeu, nem soube formular.

Agora, se passarmos ao Brasil, todas as nossas grandes leis, todas as nossas grandes instituições políticas são inglesas, ou americanas: o ato adicional, o código do processo, o júri, a fiança, o *habeas-corpus*, a federação, o artigo 179 na constituição de 1823, o artigo 72 na constituição de 1891. Nessas fontes é que os nossos liberais de todas as gerações, sob os dois regimes, foram beber sempre a tradição da liberdade realizável, cristã, organizadora, que a corrupção, a impiedade e a vesânia da Convenção Francesa desconheceram.

Não troquemos a nossa verdadeira ascendência moral por essa triste bastardia.

IV

Um painel oportuno*

Para os povos saxônios o divórcio nasceu da Reforma. Para os latinos surgiu da Revolução Francesa. Sobre um mundo novo, emergente do caos no meio de esperanças que alucinavam o gênero humano, assomava a nova instituição como um astro de raios benfazejos. Vejamos, pois, a salubridade que a sua influência regeneratriz derramou no seio da nação, em cujo horizonte ascendia esse foco de vida. Os que estavam mais perto do oriente, os que lidavam no berço do sol, deviam sentir-lhe melhor a ação reparadora. Magnífico espetáculo havia de ser o dos costumes, estragados por nove séculos de monarquia e desigualdade, transformando-se ao contato da nova atmosfera purificada pela instituição que banira da família o preconceito, e igualara os dois sexos perante o amor.

Conduza-nos a essa visita retrospectiva um guia cuja qualidade não possa mentir. Se fôssemos pedir este serviço a mãos suspeitas de relações com o catolicismo, dir-nos-iam que o interesse nos levava a um cenário mentiroso. Venha, pois, dentre os mais profanos o espírito que evoque aos nossos olhos

---

* Fonte: *A Imprensa*, Rio de Janeiro, 9 de agosto de 1900.

a visão daqueles tempos. Os Goncourts escreveram a *História da sociedade francesa durante a Revolução e o Diretório*. O último dos dois volumes é o que nos franqueia o teatro da grande época no período a que a nossa curiosidade se dirige. Ninguém estudou tão bem como esses dois beneditinos da arte os costumes da idade revolucionária e da fase social que ela gerou. Uma erudição fina, penetrante, maravilhosa, implacável como a claridade do dia se estende sobre os fatos, e os envolve, os traspassa, os discerne na mais intensa transparência luminosa. Os documentos sobressaem ali ao relevo do cinzel, como ao dos raios solares a infinita variedade dos panoramas da natureza.

Estai conosco:

"Para que, na história da humanidade, um povo dê o exemplo de todas as anarquias, uma lei de anarquia desordenada, sob o Diretório, a sociedade doméstica: a lei do divórcio. Coisas, espíritos, tudo vacila, flutua, e o próprio lar deste mundo sem amanhã se torna precário e passageiro. Já não é senão temporária a associação conjugal; riscou-se dentre as instituições sociais essa indissolubilidade, onde reside a santidade civil do dever do amor e a sanção racional da união. E por que condescendência com os preconceitos, por que fraqueza ante a disciplina moral dos outros séculos, haviam de ter deixado os legisladores da revolução ao laço conjugal a sua solenidade, a sua perpetuidade? Que vem a ser, para eles, o casamento? Puro comércio. Não é nem um ato civil, nem um ato religioso: é um ato natural. 'É a natureza em ação', diz Cambaceres, no projeto do código civil. E tanto o casamento, na opinião revolucionária, não passa da natureza em ação, sem o casamento, que a natureza em ação encerra, para os interesses mais graves, força igual à do casamento. O filho nascido fora da lei civil da descendência, o bastardo, é admitido com o legítimo, em termos iguais, à partilha da sucessão.

Nesse acordo licencioso entre as instituições e os costumes, nessa autorização da libertinagem, nesse incentivo ao desregramento pelo código orgânico daquela sociedade e pelos princípios dele, em que belo andar não vai a família! Já não há escândalo possível: no *sacramento do adultério* a prevaricação é uma solenidade. Agradam-se macho e fêmea? A lei os ajunta. Deixam de querer-se? Com a mesma legalidade se rompe o laço. Convola a mulher de marido em marido, no encalço do prazer, indigna da felicidade, desatando, reatando e redesatando a cinta. Circula como graciosa mercadoria. É esposa enquanto se não enfada, mãe, enquanto se diverte. O marido (às vezes um órfão menor, com direito de casar de sua simples vontade, sem licença de ninguém), o marido corre dos braços de uma aos de outra, buscando na esposa uma concubina, procurando nas reduplicadas núpcias a saciação do apetite, convertendo a virgem num objeto de especulação sensual. O casamento? A que o reduziram? Uma locação rescindível de semana em semana, de noite a noite. Que mais? Uma contradança. Divorciam-se por uma ausência de seis meses, divorciam-se por oposição de temperamento, divorciam-se por nada. Casam, para se divorciar, descasam, para se recasar, sem que o homem tenha jamais o ciúme do passado, sem que a mulher lhe sinta o pudor. De modo que, ao parecer, o matrimônio destes tempos adotou por modelo as coudelarias, onde na padreação se procede por *ensaios*.

Nos passeios, os que ontem eram esposos hoje se encontram, e se cruzam, já ligados por outro himeneu. De tal maneira se esqueceram, que se cortejam. Ao divórcio se entregaram em presa todas as classes da sociedade, altas e baixas. Aqui é moda; ali, vezo. Mulheres de antiga qualidade, condessas divorciam-se, e vão matrimoniar-se com os seus antigos criados. Em Nancy, em Metz, a cada acantonar das tropas nos quartéis de inverno, os soldados casam, convindo previamente em descasar, quando regressarem. E por que o povo não havia de fazer de sua parte como o mundo elegante? Por que não tomaria o seu quinhão no 'código da crápula'? Dantes batia a mulher. Agora vai morigerar-se: pô-la-á no olho da rua.

A França já não é mais que um vasto lugar de prostituição. 'Estabelecestes em França um mercado de carne humana!', brada Delville na tribuna nacional. Toda idéia de moralidade conjugal desaparece do ânimo da nação; e, ao passo que os hospitais regurgitam, que no ano V, só no departamento do Sena, se eleva a quatro mil o número de enjeitados, e a quarenta e quatro mil nos mais departamentos, o Conselho dos Quinhentos examina a petição de um sujeito que, viúvo de duas irmãs, requer esposar-lhes a mãe.

Entretanto, que de almas nobres e gentis esmagadas e desamparadas! Que de ternuras repudiadas e gementes! Quantos corações dilacerados pela barbaridade de um capricho, pela crueza da ingratidão, ou da indiferença! E como não treme o punho, forcejando por não tremer, à assinatura desse contrato fúnebre, onde os contraentes se desfazem um do outro, e às vezes enquanto este renuncia aquele se liberta. 'Fomos à municipalidade na mesma carruagem; durante o trajeto todo estivemos a falar de coisas indiferentes, como pessoas que vão espairecer ao campo; meu marido deu-me a mão, para apear; sentamo-nos depois lado a lado, e assinamos, como se fosse uma escritura ordinária, que tivéssemos de celebrar. Despedindo-nos, ele acompanhou-me à sege. — *Espero*, disse-lhe eu, *que me não privará inteiramente da sua presença; seria demasiada crueldade. Irá visitar-me algumas vezes, sim?* — *Por certo*, respondeu ele embaraçado, *sempre com muito gosto*. — Eu estava pálida, e comovida a minha voz, apesar de todos os esforços por me contrafazer'. Assim relata Júlia Talma a uma confidente a agonia do seu amor durante a cerimônia dolorosa.

Mas por uma que deplora, e não se consola nas saudades, quantas impacientes e versáteis! Quantas cobiçosas de liberdade! Por um divórcio que se sofre, quantos que se reclamam. Caiu em letra morta a lei cristã, por onde a esposa era, não um ente idêntico ao homem, mas uma companheira a ele semelhante. Atualmente, igualdade perfeita: o marido repudiável pela mulher; a mulher, pelo marido. Ela sobreexcede em volubilidade ao homem: de 5.994 divórcios celebrados no registro civil, da comuna de Paris, em 15 meses, 3.870 foram de iniciativa das mulheres, por conta deles correm 887 dos 1.145 imputados à incompatibilidade de temperamento. Todo esse mundo vive a chafurdar nos sentidos, animalizado".

Delicioso o quadro, não? É a liberdade no amor. É o progresso no matrimônio. É a mútua autonomia dos sexos. É a abolição do caruncho religioso. É a redenção do lar, o paraíso da honra, a bem-aventurança da espécie. Assim choca os ovos do futuro a nossa mãe espiritual, enquanto a musa do povo satisfeito passa, trauteando a canção do *père Luron*:

> *Je n'avions qu'un' femme, et quelqu' fois*
> *C'était troup dans le ménage;*
> *J'en aurons deux, j'en aurons trois,*
> *Queu délic'! queu ramage!*
> *Maintenant qu'on peut divorcer,*
> *Queu plaisir tous les ans de se remarier!*
> *Comme les enfants vont s'réjouir, biribi,*
> *À la façon de Barbari, mon ami!*
>
> *Il est vrai qu'i n'sauront pas trop*
> *Où r'trouver père ou mère,*
> *Ça sera du gibier pour Charlot,*
> *Ou la rue Beaurepaire.*
> *Car, pauv's enfants abandonnés,*
> *Il faudra bien qu'ils soient gueux ou guillotinés.*
> *La nature à tout ça sourit, biribi,*
> *À la façon de Barbari, mon ami.*[1]

---

[1] Em francês: "Eu tinha apenas uma mulher, e às vezes faltava algo ao casal; terei duas, terei três, que delícia! Que cantoria! Agora que a gente pode se divorciar, que prazer casar de novo todos os anos! Como as crianças vão se alegrar, meu amigo! É verdade que já não saberão muito bem onde encontrar pai ou mãe, se à caça em Charlot, ou na rua Beaurepaire. Porque, pobres crianças abandonadas, será mesmo preciso que acabem mendigando ou guilhotinadas. A natureza a todos sorri, meu amigo!" (N. do E.)

O divórcio nos Estados Unidos*

Se o exemplo da grande nacionalidade norte-americana, com a variedade e a facilidade extremas que ali desenvolve o mecanismo de romper e multiplicar o casamento, se pudesse invocar seriamente no panegírico dessa instituição, não haveria a seu favor mais válido testemunho; porque, se usado e abusado àquele ponto não surtisse lastimosos efeitos, naturalmente se havia de presumir que deles não é suscetível.

Mostra, porém, a experiência ali resultados muito diversos, a esse respeito, dos que a superfície resplandecente daquela civilização nos devia levar a supor. Mas, quando escritores e oradores opostos entre nós ao divórcio expunham da sua perniciosa influência nos Estados Unidos o quadro que nos traçou Carlier, no seu livro do casamento americano, os campeões do divorcismo aqui não admitiam a fidedignidade desse publicista, embora a sua obra *Da escravidão nos Estados Unidos* e o seu tratado *Da República Americana*, entre os mesmos

---

* Fonte: *A Imprensa*, Rio de Janeiro, 11 de agosto de 1900.

americanos gabado e acatado, lhe assegurem o prestígio de autoridade, das mais respeitáveis, na exposição e apreciação das coisas daquele país.

Ora não se há mister de recorrer ao depoimento de viajantes europeus, nem de folhear o opúsculo de Carlier, realmente já envelhecido, pois data de 1860, para ter as provas da funesta ação exercida na pátria de Washington pela fragilidade dos laços conjugais. De lá mesmo nos vêm os atestados mais irrefragáveis.

Dois membros autorizadíssimos da American Association for the Promotion of Social Science endereçavam-lhe em 1881 notáveis comunicações acerca da corrupção introduzida nos costumes nacionais pela dissolubilidade do casamento. Um deles era o Prof. Robinson, cuja memória inscreve *The diagnostics of divorce*; o outro o Rev. Dilce, num trabalho rubricado com a epígrafe *Divorce legislation*. Ambos os ensaios estão no *Journal of Social Science*, dado a lume em Boston, fascículo de novembro daquele ano, pp. 136 a 152. "Os *terríveis* efeitos atuais do divórcio na sociedade", escrevia o professor, "e a futura *ruína*, de que ameaça a família e o Estado, são manifestos aos olhos de todos". Nos mesmos termos mais ou menos se enuncia o sacerdote protestante: "Vão crescendo a passo igual, nos Estados Unidos, os divórcios e os delitos contra os bons costumes. Estes, em vinte anos, têm subido a mais do dobro no Massachusetts, quadruplicando noutros lugares, enquanto aqueles, em vários estados da União, ascendiam às proporções de um divórcio por dez casamentos". Invoca o clérigo a colaboração da Igreja, da escola e da sociedade, a fim de se restituir à sua dignidade a família, jugulando-se o egoísmo individual. Mas ainda mais caloroso vibra o apelo do leigo ao clero (p. 141), "para que aqueles em cuja opinião só por adultério se pode licitamente divorciar recusem matrimoniar-se com pessoas descasadas por outros motivos".

Os que desejarem, porém, instruir-se mais a fundo nos mistérios da família americana, sob o influxo do princípio que aboliu a perpetuidade do casamento, encontrarão copiosos elementos para sua edificação coly|eta em dois livros, que infelizmente não temos à mão este momento, mas que há dois anos devoramos e meditamos: o de Convers, *Marriage and divorce* (Filadélfia, 1889), e o de Pomeroy, *The ethics of marriage* (Nova York, 1895), além de outra monografia, estampada em Glasgow, 1893, *by an advocate*, sob o título: *Marriages, regular and irregular*. Ninguém calcula o insondável das misérias, a purulência das chagas, o fervedouro de crimes ora ignóbeis, ora atrozes, que aquelas páginas descortinam, com algarismos, fatos e documentos.

Mas em falta desse adjutório, que agora nos escapa, temos a talho de foice, da mais irrecusável procedência americana, uma síntese, que resume, em traços vigorosos, o aspecto geral da situação, forrando-nos ao enjôo dos pormenores odiosos, que pululam na análise viva das assolações morais dessa enfermidade. Referimo-nos à contribuição estampada por Noah Davis, juiz do supremo tribunal de Nova York, na *North American Review*, fascículo de julho de 1884, pp. 30 a 41.

Vai depor o juiz americano:

"O nosso regime do divórcio é *bárbaro e aviltante* (*barbarous and degrading*). Tem levado a aumentarem largamente os divórcios par a par com os casamentos. Em alguns estados a razão entre uns e outros de um para trinta e cinco subiu a um para dez. Noutros chega a ser de um para seis. Outros há onde ainda é mais crescida.

Segundo um dos nossos escritores poderemos afirmar que os divórcios, na maioria dos estados setentrionais, têm duplicado, e os presentes algarismos indicam medrança ainda mais avultada. Há de estado a estado notáveis contrastes, imputáveis às diferenças de legislação e às variações de processo; sendo mais amplas as porcentagens de aumento nos estados onde mais se liberalizam os fundamentos ao divórcio, se lhe aceleram as formas e se lhe barateia o custo judicial.

Desse estado de coisas o grande mal, afora outros, é que o espírito público se vai afazendo a encarar os divórcios com indiferença, já não pensando no seu dano aos costumes. Transborda a imprensa em narrativas escandalosas de tais processos, cheias muita vez de prurientes e repulsivos pormenores, que a juventude dos dois sexos não pode absorver sem perigo, rebaixado-se deste modo assustadoramente a nossa concepção das relações conjugais e seus deveres. *Até se pode entrar em dúvida sobre se freqüentemente o casamento, agora, não se celebra tendo muito em vista de antemão as facilidades do divórcio...*

A essa liberdade de separação os filhos se antolham embaraço; e, onde quer que penetre este sentir, o miasma do divórcio é fatal à maternidade. Os justos preceitos da lei da natureza, lei de Deus, e do honesto patriotismo, que põem na sucessão de uma progênie virtuosa e robusta as sólidas esperanças da saúde e grandeza de nossa nacionalidade, estão em risco de ser tão de todo em todo sacrificados às nossas mesquinhas idéias sobre a comodidade individual que já se nos chega, segundo as leis da sociologia, a prefigurar a esterilidade.

Não posso insistir nestes males. Todavia, os denunciarei como fatalmente perniciosos, não só à moralidade, como a todos os legítimos interesses sociais. Indubitavelmente as desgraças por mim apontadas prevalecem mais à larga onde mais francas são ao divórcio as ensanchas. Temos um estado, a Carolina do Sul, onde nunca se pronunciou um divórcio, legislativa ou judicialmente. Muito erram as minhas informações, se, naquele estado, a paz, a pureza e a felicidade das famílias não mantêm um padrão muito mais alto que naqueles onde o divórcio é, em condição de cronicidade, a praga e a maldição do lar doméstico. Durante mais de um século não se conheceu o divórcio no estado de Nova York. Não terá uma prova, onde se apóie, quem disser que nesse lapso de tempo houve ali maiores infortúnios conjugais que depois da transformação do divórcio em lei e regra.

É o divórcio um mal, cujo desenvolvimento se opera à custa das misérias de que se nutre. O de que ele se alimenta são os vícios mais baixos de nossa natureza, os quais se propagam, e desmedem, à maneira que se vai multiplicando a procura desse recurso em satisfação de impetuosos e depravados apetites. Espantosa exemplificação deste fato acabamos, agora mesmo, de ter no descobrimento de uma fábrica (*a manufactory*) de divórcios falsos no Brooklyn, de onde se assegura que se emitiram ultimamente duzentas sentenças, com toda a aparência das solenidades do processo judicial, não requerendo as partes, em cujo favor se lavraram, senão celeridade, barateza e segredo. Ora, um estado tal de coisas não seria possível, se não fora a medonha lassidão moral devida ao contínuo divorciar.

Sob as nossas instituições de hoje marido e mulher podem levantar-se, pela manhã, do tálamo legal unidos um a outro, pelo vínculo do casamento, *e à noite do mesmo dia um e outro se recolher à cama casados a outra mulher e outro marido*. Para obterem esse resultado, basta o mútuo consenso das partes, se de qualquer delas houve infidelidade criminosa; porque no espaço de uma hora se pode efetuar a citação, em poucas horas todos os demais trâmites da lide, logo depois o casamento, em Nova York, do ofendido, enquanto o outro cônjuge, tomando o caminho de ferro para New Jersey, voltará, se quiser, esposo, ou esposa, da sua ou do seu amante. Esta a exata realidade, que, entretanto, parece tão risível quanto o imaginário pregão dos condutores de trens nas vizinhanças de Chicago: 'Vinte minutos para divorciar!'

Mas, se isto pode levar a efeito o mero consentimento dos interessados, que não fará o seu recurso ao dolo? As mais das vezes é a mulher quem se abalança à fraude; mas não raro se tenta o apetite de Adão com o exemplo das habilidades de Eva. Lutam energicamente os tribunais, por se acautelar contra esses malefícios; mas as próprias salvaguardas, a que têm de recorrer, são amiúde convertidas pela fraude em armas suas, especialmente quando, como com freqüência sucede, instiga esses meneios a cobiça de novo casamento.

Ainda me lembram certos exemplos, em que me tocou sentenciar neste gênero de espertezas. Num desses casos o marido, homem do campo, espantou um dia a mulher, avergada aos anos e ao trabalho, convidando-a insistentemente a vir espairecer em casa dos parentes no Massachusetts. Com prazer anuiu ela ao passeio, demorando-se, a instâncias do consorte, dois ou três meses. Entrementes intentava ele o divórcio, que obteve a poder de falsas testemunhas: e, quando a enleada esposa, semanas depois, regressava ao seu teto, outra mulher já lhe ocupava o lugar, de onde a dona da casa foi brutalmente expelida. Noutro caso se procedera à citação *pessoal* mediante um instrumento do marido, inserindo-a entre as folhas de um livro, e entregando-o sem aviso algum à mulher. Em ambas as espécies se descobriu, afinal, a tramóia, e foi anulada a sentença, mas não sem que primeiro o vilão do marido colhesse na armadilha do casamento com ele uma pobre incauta, iludindo-a com a decisão capciosamente alcançada.

É uma realidade monstruosa a de que um indivíduo pode sair do estado, onde reside, e, deixando ali mulher e filhos, obter, dentro em pouco tempo, dos tribunais de outro, sentença de divórcio, inteiramente válida nesse estado, bem que para os outros vã.

A. é casado em Nova York, onde se domiciliou por muitos anos, constituiu família e adquiriu bens. Deseja divorciar-se, e vai ter, para tal fim, a Indiana, onde isso é barato e presto. Satisfazendo a certas disposições locais, sem ciência da mulher, obtém a sentença de divórcio e imediatamente casa, nesse estado, com outra mulher, que lhe dá mais filhos. Adquire então novas propriedades. Mas, cansado da segunda esposa, também a abandona, e se transporta à Califórnia, onde, a breve trecho, se divorcia segunda vez, e, casando em seguida, forma terceira família, após o que se mete na posse de novos haveres. Daí a anos a sua volubilidade o leva a variar ainda, regressando a Nova York, onde se lhe revela que sua primeira mulher, graças ao adúltero casamento do marido em Indiana, obtivera uma sentença regular de divórcio, pelo qual ela ficava livre e ele inibido, enquanto ela vivesse, de contrair outra união. Em conseqüência faz rumo o homem para um dos estados de leste, fixa aí domicílio, adquire bens de raiz, e, decorrido certo lapso de tempo, se emancipa do vínculo conjugal travado na Califórnia. Volve então a Nova York, enleia-se em novos afetos, cruza a fronteira de New Jersey, torna em uma hora a Nova York, onde vai desfrutar a parte do seu patrimônio que os tribunais não adjudicaram à primeira mulher, e gera da quarta novos filhos. Afinal o Senhor o chama. Morre intestado. Qual agora o estado e condição legal dos vários cidadãos que ele deu à nossa pátria comum?

Algumas palavras mostrarão a complicação e delicadeza dessas questões. Os filhos da primeira mulher são indubitavelmente legítimos e herdeiros da fortuna do progenitor em toda parte. Os da mulher que com ele se maridou em Indiana são legítimos nesse estado, e provavelmente ilegítimos em todos os demais. A prole californiana é legítima na Califórnia e em Nova York, mas nos outros estados bastarda, ao passo que a segunda ninhada de nova-iorquinos, legítima em Nova York e nos estados orientais, será ilegítima nos restantes. Nos quatro estados há bens móveis e imóveis. Quatro viúvas sobrevivem ao defunto, cada qual com direitos algures, e uma numerosa descendência, decerto inocente, cuja legitimidade e sucessão se disputam".

Aí está, graças ao divórcio, a condição do casamento, da família e da prole nos Estados Unidos! Não esqueçam que o depoente é um juiz no supremo tribunal de Nova York.

VI

O divórcio na Alemanha*

Das nações européias é nessa que mais sólidas raízes tem lançado o divórcio, que mais tem desenvolvido o seu viço. Com ela competirá, talvez, apenas a Suíça, em cujo seio a expansão progressiva desse pernicioso costume coincide com a da sua influência corrosiva na moralidade social.

Suprimida ali, mercê da Igreja, no século XII, essa instituição, restabeleceu-a, no século XVI, a Reforma. Circunscrita era a princípio a sua extensão aos casos de adultério e poucos outros de maior gravidade. Em 1794, porém, o *Landrecht* prussiano a ampliou quase às raias extremas, incluindo entre os motivos da separação as sevícias, as injúrias, as sentenças penais, a embriaguez, o abandono, a prodigalidade, a quebra das obrigações alimentares, a mudança de religião e o mútuo consenso. Não contente, abria a porta à dissolubilidade da união conjugal *por vontade exclusiva de um dos consortes*, quando obstinado em reclamar o divórcio sem causa cabal, autorizando então o juiz a pronunciá-lo com a perda de um sexto dos bens do esposo renitente a favor do outro. Na lei

---

* Fonte: *A Imprensa*, Rio de Janeiro, 13 de agosto de 1900.

imperial de 6 de fevereiro de 1875, abolindo-se a separação perpétua, se deixou o regime do divórcio à discrição dos países confederados, entre cujas legislações sobressaía a da Saxônia, onde imperava o princípio da dissolução do casamento por causas justificadas, excluído o recíproco assenso. Esta exclusão do divórcio por ato convencional subsiste nos artigos 1.564 a 1.569 do código imperial, promulgado em 1896. "O *Burgerlicher Gesetzbuch*", diz Barre, no seu estudo confrontativo entre esse código e o francês, "não sancionou o divórcio por mútuo consenso: esse expediente *assustava os mais intrépidos*". Não amedrontou, porém, o autor do projeto sergipano, que aliás disse ter-se limitado a verter o código alemão.

Ainda reduzida, porém, a dose menos violenta que a do récipe brasileiro, vejam o que essa instituição produziu naquele país. Na estatística européia do divórcio adquiriu a Prússia a primazia, com um crescendo pavoroso: — 6.549 em 1875; — 6.899 em 1876; — 7.400 em 1877; — 7.720 em 1878. Estes algarismos representam somas mais de trinta vezes maiores que as correspondentes à Inglaterra e ao País de Gales, cuja população, entretanto, era apenas cerca de um milhão inferior à prussiana.

Já Mme. de Staël dizia, no seu famoso livro *Da Alemanha*: "Não se pode contestar que a facilidade do divórcio nas províncias protestantes atenta contra a própria santidade do casamento. Muda-se ali tão tranqüilamente de esposo, como se se variasse de cenas em uma comédia. É assim que os bons costumes perdem todo o caráter de estabilidade". D'Halleville mais tarde, escrevendo sobre o futuro dos povos católicos, assinalava Berlim como o lugar onde o divórcio tem assumido "proporções inauditas na história dos povos cristãos". A Germânia, que outrora se podia ensoberbecer com o brasão das palavras de Tácito *paucissima in tam numerosa gente adulteria*[1],

---

[1] Em latim: "São raríssimos, num povo tão numeroso, os adultérios". (N. do E.)

ocupa hoje um dos lugares mais altos na estatística da infidelidade matrimonial. Dentre 100 divórcios, eram pleiteados com o fundamento de adultério 29,87 em Baden e 40,61 na Saxônia, enquanto, na mesma época, esse motivo concorria para os desquites com a porcentagem de 8,57 na Itália e 7,29 em França. Paralelamente com este floresce ali o mal das bastardias, a cujo respeito, segundo os dados reunidos por Salandra, na sua monografia, a razão percentual estabelece, por um longo período, anualmente a média de 5,53 filhos naturais para a Espanha, para a Itália 6,46, para a França 7,35 e 8,67 para o império da Alemanha.

Eis os frutos do enfraquecimento do vínculo conjugal num país onde a situação do casamento foi descrita por aquele periódico berlinense, cujas palavras nos conservou Glasson: "Qual entre nós se pratica, o casamento está abaixo do pagão. Unem-se e apartam-se os pares à vontade, consoante os interesses, ou segundo os caprichos. Não é raro que um cavalheiro, indo a banhos, dê, no hotel, com quatro ou cinco senhoras, outrora suas mulheres. Os filhos já não conhecem pai, nem mãe. Está subvertida a sociedade."

A essas circunstâncias alude o Prof. Gianturco, escrevendo, na introdução ao seu *Sistema de direito italiano*: "Cabe à Alemanha a preeminência entre todos os outros países da Europa quanto ao número de filhos bastardos; repetindo-se tão amiudado, entre os seus habitantes, o adultério, que deslustraria qualquer nação, e imprime ao matrimônio o ignóbil caráter de um meio para a mútua satisfação dos sentidos. Disso abundam muitíssimo as provas até na legislação matrimonial, que desce repetidamente, acerca das relações conjugais, a particularidades verecundas".

Mas não vamos buscar entre forasteiros os elementos de uma sindicância que deve ficar acima de suspeitas, bem que os italianos não incorram senão na de simpatias germânicas, manifestas igualmente na exímia escritora, cujo livro, no primeiro cartel deste século, revelou à França a Alemanha, e concorreu mais que nenhum outro cometimento literário, para inspirar ao mundo curiosidade pelas maravilhas intelectuais da terra de Goethe[2]. Ela mesma pode falar por si; e, para a ouvirmos nessa confissão das misérias inoculadas pelo divórcio ao casamento, não podíamos encontrar órgão mais alto na sua autoridade que o de que nos vamos servir. Trata-se de um testemunho novo, no sentido, a que ligamos esse qualificativo, de ser provavelmente a primeira vez que dele se utiliza alguém na questão da indissolubilidade matrimonial. É, nem mais nem menos, a Bismarck[3] que aludimos.

Nas suas memórias autênticas, por ele batizadas com o nome de *Pensamentos e recordações*, um dos assuntos em que se topa, logo às primeiras páginas do capítulo inicial, é o que ora nos detém. Consagra ali o príncipe um trecho de algumas páginas à sua passagem pelo serviço judiciário. Servindo numa das câmaras criminais, o processo que maior impressão lhe fez, diz ele, "foi o que dizia respeito a uma associação de ramificações mui extensas, que se estabelecera em Berlim, para satisfazer a vícios contra a natureza. A organização dos clubes, onde se reuniam os associados, o efeito nivelador, sobre todas as classes sociais, dos atos ilícitos, a que ali se entregavam, tudo revelava, já em 1835, uma desmoralização tão profunda quanto a que depois se descortinou, em 1891, com o processo do casal Heinze. Até às classes elevadas bracejava essa associação os seus ramos; e, ao que se diz, bastante valia teve o príncipe Wittgenstein, para obter que o ministério da justiça exigisse do tribunal os autos, não voltando eles às mãos da justiça, ao menos enquanto ali servi".

Indicada com um traço essa feição característica dos costumes entre os dois sexos, continua, logo após, a narrativa, caminho do episódio que especialmente nos interessa:

---

[2] Johann Wolfgang von Goethe (1749-1832), escritor, cientista, filósofo e botânico alemão, autor, entre outras obras, da peça *Fausto*. (N. do E.)
[3] Otto Leopold Eduard von Bismarck-Schönhausen (1815-1898), primeiro-ministro do Reino da Prússia, unificador da Alemanha e primeiro chanceler do Império Alemão. (N. do E.)

"Depois de ter, durante quatro meses, redigido atas, fui transferido para o tribunal municipal, de que dependiam os litígios civis. Consistira até ali a minha tarefa, mecânica de todo em todo, no escrever o que me ditava o conselheiro. Davam-me agora outra, já diversa. Tinha eu que me aver comigo mesmo; mas a minha inexperiência me pesava, além de que repugnavam aos meus sentimentos íntimos as questões que me incumbia tratar. A primeira ocupação, com efeito, em que os estagiários haviam de se orientar por si, era a de entenderem nos pleitos de divórcio. Evidentemente essas demandas passavam *pelas menos importantes de todas*, visto que se tinham cometido ao mais incapaz dos conselheiros, um sujeito de nome Pretorius. Na realidade, esses litígios ficavam abandonados aos estagiários principiantes, rapazes ainda imberbes. Em tais processos é que essa gente aprendia, como *in corpore vili*[4], o seu papel de juízes, dado que sob a responsabilidade do Sr. Pretorius. Mas este nunca lhes assistia às deliberações. Para pintar aos novatos o senhor presidente, referiam-lhes os veteranos que, na audiência, quando o estremunhavam da modorra, o homem tinha o sestro de dizer: 'Voto com o nosso colega Tempelhof'; o que muitas vezes forçava os outros a lhe advertirem que Tempelhof não estava presente à assentada. Um dia lhe dei conta de certo enleio, em que me via. Mal fizera eu vinte anos, e tinha que proceder, entre cônjuges mui agastados, a uma tentativa de conciliação, na qual os meus olhos enxergavam um caráter religioso e moral, como que sagrado. Dado o meu estado de alma, não me sentia na altura da ocasião. Achei Pretorius de muito mau humor, como velho a quem fora de propósito se interrompesse o sono; disposição essa agravada, a meu respeito, pela antipatia de muitos funcionários de outro tempo aos moços de classe nobre. 'É bem de lamentar', disse-me ele com um risinho de desdém, 'que

---

[4] "Em corpo vil, irracional", em latim, no sentido das experiências feitas com animais em laboratórios (também se diz *in anima vili*). (N. do E.)

se não saiba o senhor tirar do embaraço. Vou mostrar-lhe como uma pessoa se avém nesses casos'. Fomos ter juntos ao auditório. O caso era este: forcejava o marido pelo divórcio; a mulher não o queria; o marido a increpava de adultério; a mulher, desfeita em pranto, jurava em tom declamatório que era inocente, e, apesar dos maus tratos do esposo, o não queria deixar. Pretorius então, que não tinha papas na língua, falou à mulher nestes termos: 'Mas, minha boa senhora, não seja tão tola. Que vai lucrar com isso? Se volta à casa, o marido amassa-a de bordoadas, que não poderia agüentar por muito tempo. Diga logo que sim, e descarta-se por uma vez do seu bêbado'. Mas a mulher, debulhada em lágrimas, gritava: 'Sou uma senhora honesta; não aceitarei nunca a mancha de divorciada'. Nesse tom continuaram a mulher e o juiz, até que, após certo número de admoestações de um e replicar da outra, voltou-se Pretorius para mim, dizendo: 'Escreva, senhor referendário'; e ditou-me esta frase, que ainda hoje sei de cor, tamanha impressão em mim produziu: 'Baldada a tentativa de conciliação, e não tendo surtido efeito nem os argumentos morais, nem os religiosos, deu-se andamento ao processo, nos termos que se seguem'. Feito isto, levantou-se o meu chefe, e disse-me: 'Fique sabendo uma vez por todas o senhor como se procede, e doravante não me inquiete mais com estas bagatelas'".

Ora aí têm, por boca do maior estadista alemão, a mais eloqüente amostra da seriedade do divórcio no mais sério dos países do mundo.

A realidade tem aqui as visagens bufas da caricatura.

54

VII

O divórcio na Inglaterra*

Não nos admira que o paraninfo do divórcio no Senado brasileiro se comprouvesse em estabelecer um símile entre a sua superioridade aos nossos preconceitos e a do cantor do *Paraíso perdido*, sobranceando, da altura do seu gênio, as preocupações eclesiásticas do seu tempo. Se o ilustrado parlamentar leu o *Tetrachordon* e o panfleto miltoniano de 1643, era natural que a sedução do grande escritor operasse os seus efeitos. Gladstone vê na resistência do presbiterianismo inglês ao feitiço daquele mágico da palavra um sinal da têmpera vigorosa daquela gente. Não é menor poeta Milton na prosa que no verso. Sua língua tem sempre a mesma excelência na harmonia e na majestade. Mas, como acontece de ordinário aos mais ardentes pregadores do divórcio, o vate convertera em teoria universal o seu caso particular. No "bem de ambos os sexos", em cujo nome advogava "a restauração do divórcio", era aos seus ressentimentos individuais contra a sociedade que ele realmente servia. Infeliz no casamento, perdera o senso

---

* Fonte: *A Imprensa*, Rio de janeiro, 18 de agosto de 1900.

da sua santidade. Em substância, através das veemências da imaginação e do estilo, o que sangrava na sua propaganda não era a caridade pelos infortúnios humanos, era a chaga do coração do artista, o egoísmo ulcerado e revoltado contra a sua cruz.

Estudando hoje aqueles escritos, diz Gladstone, "o espírito se divide entre a admiração pela força, pela magnificência da sua linguagem e a satisfação de que a Inglaterra pudesse resistir ao encantamento das pestíferas idéias que eles encerram. Faz tristeza ver, entre o judaísmo, o puritanismo e o republicanismo, quão baixas eram as concepções da doutrina cristã que esse elevado gênio se alegrava de nutrir e entusiasmava em propagar. O que ele pleiteia é a licença no divórcio por aversão ou incompatibilidade entre os casados. O mais desmedido libertino, o mais genuíno mórmon não acertaria com expressões mais consentâneas às suas idéias, se é que somos justos para com o mormonismo, supondo-o capaz de alienar com a mesma facilidade com que adquire. E para trair na sua origem egoística e enérgica emoção de Milton, basta o fato de ser somente das desditas do homem que ele se comisera nos casais infelizes, e encarar como interesse muito secundário o das mortificações da mulher, cuja existência mal parece perceber". A sua teoria, com efeito, era que o casamento se fizera para o homem, e a mulher para o casamento. Três vezes casado, nem mesmo para com a última esposa, carinhoso arrimo da sua velhice e da sua cegueira, teve grande ternura.

A *Reformatio Legum* de Eduardo VI, que o grande poeta lamenta se não tivesse convertido em lei, era especialmente uma obra de severa correção contra o adultério, punido, naquele monumento do século XVII, com o confisco de metade dos bens do criminoso e o exílio, ou o cárcere pela vida inteira, castigos a que os delinqüentes do sexo masculino ficavam tão sujeitos quanto os do outro. O certo é, porém, que aquele tentame não chegou a realidade. A têmpera da moral inglesa repugnava quase invencivelmente à dissolubilidade do casamento. Apesar da Reforma, não houve, durante século e meio, a contar do rompimento com a Santa Sé, um só divórcio propriamente dito na Inglaterra. Sob a república a prevaricação conjugal foi declarada crime de morte; mas, a despeito da influência escocesa e do prestígio formidável de Milton, o vínculo matrimonial continuou a ser inquebrantável. Com a concessão feita em 1666 pelo parlamento a Lorde Rosse, abre a era dos divórcios por ato legislativo. Para extorquir à câmara dos pares esse favor, ainda assim obtido apenas com a maioria de dois votos, Carlos II em pessoa assistira do seu trono à deliberação. Foi essa a primeira fenda aberta no dique das tradições britânicas. Contudo a muralha continuou a obstar de tal modo a entrada à corrente, que nos cento e trinta anos seguintes, até 1799, só se dissolveram cento e trinta e dois casais, ou, termo médio, *um por ano*. Entretanto a brecha ia-se dilatando, bem que quase insensivelmente; porque, dos 132 divórcios pronunciados, nos primeiros 45 anos só houve 8, ao passo que os 60 anos subseqüentes já contaram 50 e aos últimos 25 anos correspondem 74. Esta soma, como se vê, já representava três divórcios por ano. Mas o movimento depois arrefeceu; porquanto, no meio século decorrido entre 1801 e 1850, não se registraram mais de 110 divórcios, ou 2,2 anualmente.

Só com a lei de 28 de agosto de 1857 (o *Divorce Act*) entrou o divórcio na legislação inglesa. Essa reforma, acabando com os divórcios parlamentares, submetia a matéria a uma jurisdição especial, que mais tarde, em 1873, se fundiu na da corte suprema. Mas o divórcio ali ficou reduzido, até hoje, exclusivamente ao caso de adultério, simples, se a argüição disser respeito ao da mulher, agravado, se o delinqüente for o marido, com a bigamia, o incesto, o rapto, os crimes contra a natureza, a crueldade, ou o abandono gratuito por dois anos, condicionado, quando ele é o demandante, à obrigação de processar, ao mesmo tempo, o co-réu da adúltera, e excluído, toda vez que da parte do queixoso tiver havido perdão, conivência ou conluio, abandono, procedimento irregular ou maus tratos. Como se está vendo, não é nem o divórcio suíço à discrição dos juízes, nem o divórcio americano por mútuo consenso, nem o divórcio alemão com o seu numeroso rol de causas determinadas, nem sequer o divórcio francês, extensivo, além do adultério, às sevícias, aos excessos, às injúrias graves, à condenação em penas infamantes. O legislador inglês não aceitava *senão o adultério* como elemento dissolvente do casamento, e, ainda circunscritos os motivos da sua dissolução a esse, o restringia, o dificultava com reservas, cláusulas e exceções consideravelmente limitativas.

Pois, não obstante, esse desvio dos costumes britânicos encontrou a oposição mais irredutível do mais eminente dos liberais ingleses, daquele a quem a Inglaterra contemporânea deve os seus passos mais atrevidos na democracia e na liberdade, e cujo espírito de justiça teve a independência e a força de arrastar a Grã-Bretanha quase até às raias da autonomia irlandesa. Num largo ensaio, estampado, em julho de 1857, na *Quarterly Review* e reproduzido, em 1879, no sexto volume dos *Gleanings of Past Years*, Gladstone esmagou o divorcismo, estudando-o, com uma riqueza de erudição, de lógica e de colorido, que ainda hoje faz desse trabalho uma das mais belas defesas da santidade do casamento, à luz da exegese bíblica, da história sagrada e da moral humana, exploradas com a ciência do legislador e o critério do estadista. A sua conclusão, nesse opúsculo admirável, é que a novidade impendente ao regime do matrimônio seria "um fardo intolerável à consciência individual", e que "a data em que, na Inglaterra, o casamento se tornasse legalmente dissolúvel havia, com razão, de ser assinalada, no seu calendário, com um traço negro" (*the day when marriage is made dissoluble by law in England will be at best noted in our kalender with charcoal, not with chalk*).

Vinte e um anos mais tarde, anotando, na sua coleção de *Restolhos do passado*, a diagnose e o prognose desenvolvidas naquelas páginas, o *grand old man* as ratificava com a autoridade da experiência apurada: "Com pesar registro, após vinte e um anos de observação dos fatos, a convicção, em que me acho, de que o acerto geral dos meus argumentos e das minhas previsões naquela época tem sido tristissimamente demonstrado (*too sadly illustrated*) pelos daninhos efeitos dessa medida sobre a moralidade conjugal do país". De feito, apesar do grandíssimo rigor que caracterizava ali o direito relativo ao divórcio, cresceu de tal modo a sua facilidade, com a nova constituição, antes da qual, em vinte e sete anos (1830-1856), apenas se tinham dissolvido noventa casais, ou 3,33 anualmente, que, não muito tempo depois, a década de 1870 a 1879 registrava, termo médio, 214 divórcios por ano. Desenvolvera-se, pois, a fragilidade matrimonial na razão de 3 1/3 para 214, ou, aproximativamente, de *um para setenta*.

Para isso bastaram treze anos de dissolubilidade, apesar da barreira oposta ao mal pela severidade da lei, pelo rigor dos costumes e pela energia do sentimento religioso.

Sobejos motivos tinha, pois, a consciência de Gladstone, para tornar à carga ainda outros vinte e um anos depois, escrevendo a substanciosa impugnação ao princípio divorcista, que endereçou, em 1889, à *North American Review*, e animando, em novembro de 1890, a propaganda vitoriosa de Gabba contra o divórcio na Itália, com a calorosa carta onde lhe dizia: "*I heartly desire success to your endeavours to shout out from Italy the social and religious mischief of remarriage on divorce*" (De coração vos desejo o triunfo nas diligências por afugentar da Itália *a desgraça religiosa e social da volubilidade no casamento pelo divórcio*).

Mas Gladstone era decerto um microcéfalo e um casmurro. Provavelmente não tinha notícia de Buckle, nem de Bolingbroke. Não há dúvida nenhuma: o gênio é Naquet. Já leram o seu último livro, *Da anarquia*? É o complemento natural à sua cartilha *Do divórcio*.

As Bases da Fé[1]

---
[1] Ensaio extraído de *Cartas de Inglaterra*, coletânea de artigos publicados originalmente no *Jornal do Commercio* e reunidos em livro em 1896. (N. do E.)

CAPÍTULO I

Em um desses transportes de desvanecimento republicano, que parece constituírem um dos ingredientes normais do patriotismo democrático na América do Sul, o General D. Bartolomeu Mitre escreveu, na sua história da emancipação argentina: "Eliminai a revolução sul-americana do ano 10, figurai-a suplantada em 1820, ou suprimi a sua vitória final em 1825, e a republica dos Estados Unidos ficará sendo o único representante da liberdade"[1]. Sete meses fui hóspede no país onde o ilustre polígrafo argentino entoou esse idílio à fortuna política dos seus compatriotas. Sete meses vivi, observador curioso e grato, na sua metrópole, brilhante e formoso trecho da civilização européia às margens do Prata. Encontrei-a, ao chegar, sob o estado de sítio. Sob o estado de sítio a deixei, ao partir. Na sua história de nação independente, metade, pelo menos, se me não engano, pertence ao estado de sítio. Quem o acentua, se a memória me não falha, é o Sr. Antônio Alcorta,

---
[1] Mitre, Bartolomé. *Historia de San Martin*, tomo I. Buenos Aires, 1887, p. 100. (N. do A.)

atual Ministro das Relações Exteriores sob o Presidente Uriburu, no seu livro das *Garantias constitucionais*[2]. "Com o estado de sítio", disse-me, um dia, um dos mais conhecidos estadistas argentinos, "o Presidente da República, entre nós, dispõe de mais irresponsabilidade e poder do que o Czar da Rússia". E estas palavras, proferidas por um homem respeitável, que experimentara no desterro e nas prisões a doçura da liberdade sul-americana, caiu-lhe da boca sem azedume, quase como o juízo filosófico de um espectador diante das fatalidades inevitáveis da natureza.

Dir-se-ia que o que o júri tem sido para a Inglaterra, o município para a Suíça, a justiça federal para os Estados Unidos — a arca histórica das liberdades nacionais — é, para as repúblicas latinas daquele continente, a lei marcial, cuja dureza, na breve existência da última das irmãs acolhidas à ditosa família, recebeu caracteres novos e desenvolvimentos surpreendentes[3]. Ide lá tocar aos homens políticos desse regime no extermínio da instituição parasita, que devorou e substituiu o princípio republicano nas tristes democracias da América Latina. É como se falásseis aos Ministros do autocrata na abolição da Sibéria. Se o chefe do Estado não tiver o arbítrio de "pôr fora da lei" os inimigos das instituições, os traidores à pátria, onde irá parar a coroa dos Romanoffs, onde se apoiará solidamente a autoridade presidencial dos sucessores neolatinos de Washington? E aí tendes os paraísos do gênero humano, que quinhoam com os Estados Unidos da América do Norte o privilégio exclusivo de representar, nos nossos dias, a liberdade.

---

[2] A frase do Sr. Alcorta, que agora posso verificar, é esta: "Puede decirse que, desde 1854 hasta la fecha, la República Argentina ha vivido bajo el estado de sitio". *Las garantias constitucionales*. Buenos Aires, 1881, p. 198. (N. do A.)

[3] Ver: Barbosa, Rui. *O estado de sítio, sua natureza, seus efeitos, seus limites* (1892) e *Os atos inconstitucionais do Congresso e do Executivo* (1893). (N. do A.)

Em boa-fé creio que ninguém me suspeitará de regatear admiração à grandeza e ao espírito liberal das instituições americanas.

Mas os Estados Unidos são apenas um ramo da Inglaterra, a grande árvore da liberdade no mundo moderno. E, se a união federativa se tem solidado ali, desmentindo os presságios de tantos dos seus mais esclarecidos amigos, não obstante a degeneração do elemento democrático, manifesta na mediocridade das suas legislaturas, na corrupção dos seus comícios, na decadência das suas finanças, na avidez dos seus partidos, na violência das suas lutas intestinas, é, acima de tudo, pela soberania da sua magistratura na interpretação da lei. Com isso, porém, precisamente é que as repúblicas latino-americanas acabaram. Dentre elas, nenhuma se tem mostrado mais incapaz do que a mais nova em transferir do papel para a prática o que é realmente exemplar, realmente magistral na organização política dos Estados Unidos, ao mesmo passo que se volta infantilmente para eles, considerando-os como o abrigo internacional das repúblicas americanas, cuja independência aliás tanto mal lhes deve, e de cuja liberdade eles fazem o caso de que nos dá cópia, no Brasil, o recente exemplo, medalhado no bronze patriótico da ditadura florianista.

Tive ocasião de ler, na República Argentina, um livro interessante, escrito por um argentino adotivo, para edificação dos seus compatriotas, sobre as máculas do grande modelo: *Os Estados Unidos e a América do Sul*, pelo Sr. Pantoja[4]. Se alguma das taras dessa nacionalidade, porém, sobressai notavelmente às outras é o duro, pérfido e cruel egoísmo da sua política em relação às outras nações republicanas, não excluída

---

[4] Pantoja, Domingo de. *Los Estados Unidos y la América del Sur*. Buenos Aires, 1893. O autor, que viveu longos anos nos Estados Unidos, e os conhecia profundamente, diz: "La América, para los americanos, quiere decir en romance: la América para los Yankees, que suponem ser destinados manifestamente a dominar todo el continente hasta Magallanes, puesto que *South-America* para ellos es algo semisalvaje" (pp. 3-4). (N. do A.)

a própria França, a antiga colaboradora de Washington, contra a qual o Presidente Grant esposou, em nome do governo americano, a causa da Alemanha. Era o ingrato abandono da *irmã*, que não tinha, no momento, nada que dar, enquanto a conquistadora da Alsácia-Lorena podia pesar com os votos alemães nos interesses eleitorais da Casa Branca. Hugo retorquiu a afronta em versos vingadores, debuxando

l'Amérique baisant le talon de César[5].

E, quando Ulysses Grant, mais tarde, vindo à Europa, cobiçou a honra de visitá-lo, o poeta republicano recusou-se a receber na sua casa *un tel goujat*[6]. As nossas contas com os negociantes de fraternidade norte-americana são ainda mais sérias. Entretanto, há, entre nós, *nativistas*, que projetam estátuas a Monroe[7], e julgam praticar ato de republicanos,

---

[5] Em francês: "A América que beija o tacão de César". (N. do E.)

[6] Em francês: "Um tal grosseirão". (N. do E.)

[7] Mr. Evarts, publicista, jurisconsulto, senador federal nos Estados Unidos, onde era um dos homens de reputação nacional, descobre assim as tendências americanas dissimuladas no monroísmo: "A doutrina de Monroe é, decerto, boa coisa; mas, como todas as boas coisas, quando envelhecem, necessita ser reformada. Essa doutrina resume-se nesta frase: 'A América para os americanos'. Ora, eu proporia com prazer um aditamento: 'Para os americanos, sim senhor; mas, entendamo-nos, para os americanos do norte. Comecemos pelo nosso caro vizinho, o México, de que já comemos um bocado em 1848. Tomemo-lo. A América Central virá depois abrindo-nos o apetite, para quando chegue a vez da América do Sul'. O Presidente Buchanan, na sua mensagem de 7 de janeiro de 1857, dizia ao Congresso: 'Está no destino da nossa raça o estender-se por toda a América do Norte; o que se verificará dentro em breve, se os acontecimentos seguirem o seu curso normal... A América Central, em pouco tempo, conterá uma população americana, que trabalhará para o bem dos indígenas'. O Senador G. Brocon tinha, em 1858, esta linguagem: 'Temos interesse em possuir a Nicarágua. Temos manifesta necessidade de apossarmo-nos da América Central, e, se a temos, o melhor é entrarmos logo como donos por aquelas terras. Se os seus habitantes quiserem um bom governo, tanto melhor. Se não, que se mudem. Digam-me embora

suscitando para amparo do Brasil o protetorado dos Estados Unidos.

Se esses entusiastas quisessem refletir, eu lhes encomendaria o folheto precioso, com que o Sr. Eduardo Prado acaba de enriquecer a literatura brasileira: *A ilusão americana* (2ª edição). Este livro teve singular destino: no Brasil foi proibido uma hora depois de posto à venda, isto é, proibido antes de lido; em Portugal, depois de composto na Imprensa Nacional, não pôde ser editado por ela. A sua publicação em São Paulo comprometia as boas relações entre o Marechal Peixoto e o Presidente Cleveland; a sua tiragem em Lisboa embaraçava a reconciliação entre o ministério Hintze e o Marechal Peixoto. Sejamos gratos à polícia florianista e à política lusitana. A primeira fez passar o livro pelo cadinho de novos estudos, habilitando o autor a retificar, pelo exame das fontes no British Museum, os elementos da sua narrativa; a segunda levou-o a sair à luz em plena Paris. Uma e outra conspiraram, para dar a maior notoriedade a esse opúsculo, absolutamente novo no assunto, em que, como repositório de verdades ignoradas, é o mais oportuno serviço ao Brasil. Se, lido ele, ainda restarem, nesse país, fundidores de monumentos monroínos e cunhadores de medalhas benhamitas, estarão, nesse caso, confirmadíssimas as palavras em que o famoso almirante, no seu discurso ao United States Service Club, se referiu às mani-

---

que há tratados. Que importam tratados, se precisamos da América Central! Apoderemo-nos dela; e, se a França e a Inglaterra quiserem intervir, avante, ó doutrina Monroe!'" (Prado. *A ilusão americana*, pp. 61-68). Como quer que seja, porém, há um esquecimento capital nos excessos da *monroelatria*: não sabem esses inimigos da influência européia que a própria doutrina de Monroe, devemo-la à Europa. Ela "foi sugerida pela Europa liberal em ódio à Europa absolutista" (Alberdi, J. B. *Intereses, peligros y garantias de los Estados del Pacífico en las regiones orientales de la América del Sur*, XXVI. *Obras Completas*, vol. VI, p. 495). A declaração de Monroe, como o Congresso do Panamá, foi inspiração da política de Canning, o célebre ministro inglês, em defesa da independência americana contra a Santa Aliança. (N. do A.)

festações oficiais da simpatia brasileira, que selaram a nossa humilhação com o reconhecimento dos humilhados. O egrégio Benham[8] atribuía publicamente essas festas a um sentimento, que teve a gentileza de não definir, mas sobre cuja natureza lisonjeira à nossa honra as gargalhadas do auditório militar em Nova York não deixam dúvida razoável: "Essa amizade baseia-se no respeito, e talvez *em alguma coisa mais*" (*That friendship is founded on respect with perhaps a little tinge of something else*).

Se eu não fosse um brasileiro oficialmente condecorado com as honras militares de traidor à pátria e à república, mercê, felizmente, irrevogável, pela qual dou todo dia sinceras graças a Deus, não se conceberia o meu mau gosto em trocar a amenidade daquele viveiro de democracias pela densa atmosfera da suspeita Inglaterra, que tão conspícuo papel representou ultimamente na literatura dos fabulistas da restauração no Brasil. Assim o quis, entretanto, o gênio tutelar dos proscritos, que parece comprazer-se em reuni-los, de todos os pontos do orbe, sob este céu clemente. Refúgio imemorial dos perseguidos, as Ilhas Britânicas têm, por esse lado, uma atração irresistível e uma história, que, se se pudesse destacar das suas liberdades nacionais, seria por si só um dos altos monumentos à superioridade moral deste país, cuja hospitalidade acena às vítimas da opressão em todos os pontos do mundo com o convite de Shakespeare[9]: *Rest thy unrest on England's lawful earth*[10].

No meu caminho para ele, com breve escala por outros, um dos livros que se me demoraram nas mãos, ao passar por Paris, foi *A firma John Bull & C.*, de Max O'Rell, interessante itinerário pelas colônias britânicas de um francês, para quem

---

[8] Andrew Ellicot Kennedy Benham (1832-1905), almirante norte-americano. (N. do E.)

[9] *Richard III*: ato IV, cena IV. (N. do A.)

[10] Em inglês: "Sossega teu desassossego no legítimo chão da Inglaterra". (N. do E.)

a França é o país mais rico do mundo, o país mais feliz do mundo, o primeiro país do mundo. Através dessa ingênua e fervente admiração pela França, de cujo leite todos nós sorvemos um pouco, as páginas desse roteiro cintilam em fino espírito de observação, e reúnem, a par de muita originalidade, muita experiência útil. Pois bem: a suma dos estudos políticos do antigo professor de St. Paul's College é esta: "Tenho viajado por todos os cantos da terra", diz ele. "Vivi na Inglaterra, residi nas duas grandes repúblicas do mundo, em França e na América; e cheguei hoje em dia à convicção de que, na superfície do nosso planeta, não há, social e politicamente falando, *senão um povo perfeitamente livre, e esse é o povo inglês*".

Nem esta fortuna é privilégio exclusivo da Madre Albion[11]. A semente inglesa rebenta com as mesmas virtudes em todas as regiões aradas por este povo, em todas as vastas regiões do globo, por onde se distribui a imensa família dos súditos del-Rei Shakespeare[12]. "Todas essas nacionalidades novas, Canadá, Austrália, Nova Zelândia, África Meridional desfrutam a liberdade mais completa. O negro não conhece ali a lei de Lynch, que nos Estados Unidos o nivela aos cães danados. A justiça é a mesma para os indígenas e europeus. O júri estende a sombra das suas garantias às criaturas mais desfavorecidas e às acusações mais atrozes."

Dizia, não há muito, o velho Barthélemy Saint-Hilaire que, ao pisar terra inglesa, se sentia no seio de um povo essencialmente veraz[13]. Tal deve ser aqui a primeira impressão do

---

[11] A Inglaterra. Albion é o nome pelo qual era conhecido, na Antiguidade, o atual território da Grã-Bretanha. (N. do E.)

[12] "Here, I say, is an English King, whom no time or chance, Parliament or combination of Parliaments, can dethrone! This King Skakespeare... we can fancy him as radiant aloft over all the Nations of Englishmen a thousand years hence..." Carlyle. *On heroes*, III. *Works*, vol. XIII, pp. 105-106. (N. do A.)

[13] "You feel at once you are in a country of freedom and truth... The

moralista, do filósofo, do investigador[14]. A primeira impressão do liberal, ao tocar este solo, é que se acha no seio mesmo da liberdade. *Freedom, heyday! heyday, freedom! freedom! heyday, freedom!*[15] Essa impressão é reverencial, quase sagrada. Eu aspirei-a como um eflúvio, senti-a invadir-me como uma realidade envolvente. Este país das formas é o enleio e a confusão dos formalistas. Sob os traços da mais opulenta das aristocracias, é, de todas as democracias contemporâneas, a mais sincera, a menos impura, a mais soberana. Sob a mais estável das coroas, é a mais real das repúblicas. Sob o mais eficaz dos governos, é o mais obedecido dos povos. Sendo a mais complicada, talvez, de todas as sociedades atuais, é, ao mesmo tempo, aquela onde o indivíduo, o ente humano, se desenvolve na mais completa plenitude das suas forças.

Desde Montesquieu até Boutmy, todos os empenhados em "conhecer as causas das coisas" trabalham por aprofundar a essência orgânica desse produto maravilhoso. Nem conheço, em toda a filosofia política, problema de mais interesse para a ciência histórica destes tempos. A outros, porém, o medirem-se com tais dificuldades. Para a nossa instrução já não é pouco o lado prático deste grande fenômeno moral.

O segredo complexo de semelhantes produtos sociais será sempre uma incógnita a debater entre os mais perspicazes. Mas na superfície exterior dessas criações extraordinárias da natureza, ou da história, na harmonia aparente dessas belas cristalizações, ou no jogo visível desses organismos progressivos, há campo imenso, onde exercer a admiração, ou a crítica, o estudo, ou a imitação, a ciência, ou a conjetura. Uns querem surpreender nos corpos animados as origens remotas da vida.

---

characteristic of the country is truth-telling." *The Daily News*, 21 de agosto de 1894. (N. do A.)

[14] "Their practical power rests on their national sincerity... English veracity seems to result on a sounder animal structure." Emerson. *English traits*, VII. (N. do A.)

[15] Shakespeare. *The Tempest*, ato II, cena II. (N. do A.)

São os escrutadores do eterno desconhecido. Outros contentam-se em acompanhá-la no conjunto maravilhoso das relações, que a manifestam, nos fatos verificáveis da evolução, material ou moral, na explicação demonstrável das entidades vivas, sua gênese, seu desenvolvimento, sua decadência, suas transformações.

A esses a observação e a experiência reservam revelações preciosas. Por que será que certas raças, depois de rasgarem na história um horizonte de esperanças tão vasto quanto o dos impérios que ocuparam o mundo, faltam a todas elas, atrofiando-se, sem futuro, nem importância exterior, nos mesquinhos limites dos seus territórios, enquanto este pequeno núcleo humano, concentrado na velha Inglaterra, de dia em dia mais se vai dilatando pelo orbe, que se dizia fadado a encher? Por que é que, nos pontos mais opostos do globo e em contato com as raças mais diversas, a semente desta família prospera sempre, robusta entre todas, cada vez mais nova em cada uma das suas descendências sucessivas, levantando, em toda a extensão do planeta, os cimos da sua cultura, dominando-o com o seu sangue, a sua língua, as suas instituições, as suas crenças, fazendo, uma a uma, a América livre, a Austrália livre, a África livre, e unindo esses impérios, construídos todos sobre a liberdade, no império comum da alma britânica sobre a civilização moderna?

Esta expansão é o maior portento da história universal. As profecias do declínio da Grã-Bretanha, em que se comprazia o fanatismo revolucionário, nos fins do século passado, entraram já no seu segundo centenário de decepções. Depois que esses prognósticos pareceram a princípio receber, com a separação dos Estados Unidos, uma verificação estrondosa é que a "decadente" Inglaterra floresceu no Canadá, gerou a Austrália e evocou, na África meridional, uma nova Europa. Viu-se então que esse poder *sui generis* na história não se anulava com a emancipação política das suas dependências territoriais; que esses ramos da família inglesa, unidos ou separados, federados ou independentes, eram, pela superfície da terra, outras tantas extensões da mãe-pátria, outros tantos elos da velha cadeia que parece abraçar o mundo, na influência crescente de uma grande raça benfazeja. Por toda parte vê-la-eis reproduzir-se com a mesma estrutura e a mesma índole, com o mesmo tipo e a mesma forma de ação, com o mesmo ideal e a mesma disciplina. É o inglês, com o seu senso religioso, o seu senso comercial e o seu senso político.

Dir-se-ia que desses três elementos se elabora este organismo moral, que esses são o nervo, o sangue e o músculo deste povo. Pelo senso religioso ele fez o seu caráter. É a condição fundamental, por onde se habilitou a possuir o mundo. É a primeira fase e a contribuição mais importante para o seu sistema orgânico, como a célula nervosa no animal. Pelo senso comercial aspirou à aquisição do orbe; e, instintivamente esclarecido sobre a natureza precária dos resultados da guerra, encarnou as suas ambições no trabalho, na paz, na invenção e na perseverança. Pelo senso político, resultante complexo do senso religioso e do senso comercial, criou a arte sem precedentes de organizar e consolidar as conquistas da sua fortaleza e do seu tino.

A fé, nas suas relações terrenas, é intolerante e anexadora; o comércio, absorvente e egoísta. Da paixão religiosa podia resultar a sujeição teológica, em que outras nações se estiolaram. Da avidez comercial podia gerar-se o materialismo amaninhador, em que outras civilizações pereceram. Mas da confluência dessas duas correntes nasceu a política inglesa, isto é, o programa da civilização contemporânea: a liberdade de consciência e o governo representativo. A intensidade da consciência religiosa imprimiu a esta raça a sua singular energia de propagação; o instinto da independência, inerente aos hábitos mercantis, deu-lhe ou retemperou-lhe as qualidade individuais, que a preservam da tirania do Estado.

O progresso britânico é profundamente moral, essencialmente religioso[16] em toda a extensão do seu curso. Observa-

---

[16] Bryce enumera entre as causas fundamentais da manutenção da

dores superficiais argúem de hipocrisia esse aspecto dominante da grande raça. Mas a hipocrisia é a capa de um indivíduo, a mônita[17] de um partido, ou a expressão passageira de uma época: não pode ser a máscara da história de uma nação. Não quero negar a escória, que se amalgama com o metal precioso. Em todos os compostos do homem se misturam sempre de envolta com a base espiritual as fezes terrenas. Dessas incongruências se forma a liga inevitável no bronze das obras humanas. Nos excessos do temperamento saxônio, que o cronista Guilherme de Malmesbury retratava, nos seus *Gesta regum anglorum*, depois da conquista normanda, já se destacavam, com a embriaguez, a devassidão e a crueza, em certas camadas, noutras a piedade e a devoção até o martírio pela lei de Deus. "A ilha inteira acha-se ilustrada de relíquias de santos." A força interior, que, no século VII e no século VIII, impelia os filhos destas ilhas recém-convertidas ao cristianismo, os Wilfriths, os Willibrods, os Bonifácios, "a irem espargir a semente evangélica pela Germânia inculta e bravia", é, quase mil anos depois, no século XVII, o que salva a constituição inglesa, é, no século XVIII, a alma da resistência, que opera a liberdade americana, é, ainda no século XIX, a influência mais poderosa nas grandes crises morais e políticas desta nação.

O seu vigor prático, o seu gênio industrial, a sua mestria nas ciências da matéria, o cetro da opulência mercantil, que esses predicados asseguraram aos herdeiros do espírito do autor do *Novum organum*, estão, não obstante a importância extraordinária do seu papel na história do povo inglês, su-

---

república nos Estados Unidos a influência do espírito religioso, e atribui principalmente esse poder da religião, naquele país, à completa separação Entre ela e o Estado. Ver: Bryce. *The predictions of Hamilton and De Tocqueville*. *John Hopkins University Studies*, 5ª série, IX, pp. 41-43. (N. do A.)

[17] Aviso, advertência, observação, reparo.

bordinados à atração soberana que sobre ele sempre exerceram os problemas supremos do nosso destino. Esta nação de negociantes, *this nation of shopkeepers*, como eles dizem de si mesmos, sente pelo pão do espírito, em que se apascentava a mais ingênua fé dos seus antepassados, uma necessidade invencível. Nenhuma deu na literatura tamanho lugar aos escritos sagrados; nenhuma passa tão familiarmente do trato das vulgaridades cotidianas à especulação das hipóteses eternas; nenhuma entrelaçou por modo tão sério as preocupações da sua fortuna com os símbolos das suas crenças; nenhuma, em uma palavra, *vive* tão realmente *a sua religião*.

Esta disposição característica do temperamento nacional reflete-se nas inclinações e nos estudos habituais dos grandes homens de Estado, neste país. Enquanto, na generalidade dos outros, a política se tem reduzido a uma ocupação profissional, com a influência atrofiante das especialidades subalternas, aqui o povo se habituou a esperar, dos seus grandes homens de governo, não só a excelência nas artes usuais da administração, mas alguma coisa também dessa luz, que o espírito bebe nas fontes altas do ideal. A literatura e a filosofia tornaram-se, entre os ingleses, verdadeiros instrumentos de ação na vida pública. Os grandes guias da nação aqui, salvo exceções explicáveis, como a dos Marlboroughs, a dos Walpoles, a dos Wellingtons, têm sido homens que se impõem ao gosto e às simpatias dos seus contemporâneos pela distinção dos seus dotes literários, pela eminência das suas faculdades filosóficas, ou pela aptidão especial de falarem eloqüentemente às convicções espiritualistas dos seus compatriotas.

Esse toque de superioridade traça a mais funda separação entre o *politician* e o verdadeiro estadista, assinalando entre os desta última classe os grandes primazes, as sumidades culminantes. "Um pensamento bom, em que se fixe o espírito", dizia Bacon, "é o melhor preservativo contra as dores da morte". Os sofrimentos da política, os seus desenganos, as suas injustiças, as necessidades ordinárias do seu manejo encurtam, calejam ou destemperam o ânimo aos indivíduos que a professam, se estes não formarem o hábito de voltar-se para os grandes assuntos, alheios a ela, que devem limitá-la às suas proporções naturais. O homem cujo horizonte mental se confunde com o horizonte visual dos partidos nunca será capaz das virtudes que assinalam os grandes regedores de povos: o equilíbrio intelectual na luta, a firmeza nos revezes, a magnanimidade no triunfo. A ambição facilmente os desvia do patriotismo; a política oculta-lhes a humanidade; o presente eclipsa-lhes o futuro. São traficantes, que não vêem além do balcão, ou capitães, que não enxergam além do campo de batalha.

Para esses, a política é o princípio e o fim de si mesma. Fora da área estreita onde se fere a peleja do momento, não descobrem as grandes interrogações, as verdades vivificantes, as necessidades moderadoras, em que o homem aprende a reconhecer o caráter transitório das suas ações, a relatividade da influência delas sobre o destino dos seus semelhantes. Isso os faz intolerantes, vingativos, autoritários; e, se o nível moral do povo, sobre que reinam, lhes permite desenvolver essas qualidades, leva-os até ao despotismo e o sangue. Se os costumes obstam a essas conseqüências extremas, promove na imprensa e nos parlamentos uma temperatura insalubre de violência e malignidade. A cena política é acanhada, e ocupa um plano inferior, comparada com outras alturas do nosso destino. O homem que não possuir dentro da alma um campo de idéias mais amplo do que ela, não pode governar beneficamente. Uma das fortunas da Inglaterra é ter, para a dirigirem, capacidades muito superiores, pelo cultivo de estudos desinteressados, aos misteres ordinários da profissão. A isso deve, em boa parte, a Câmara dos Comuns a conservação do seu antigo lustre, já não pouco desmerecido. E o próprio radicalismo inglês, agora mesmo, parece sentir-se dignificado pela honra de contar, no Ministério que o representa, homens de letras da reputação de John Morley, Lorde Roseberry e Sir William Harcourt.

Nenhum desses três nomes, porém, simboliza uma grande força no país. E isso talvez principalmente porque nenhum deles consubstancia em grau acentuado a vocação espiritualista, o proselitismo cristão da sua raça. Cromwell[18] não teria sido aqui "um dos maiores, senão o maior dos heróis nacionais", como hoje o qualificam os críticos mais competentes e os juízes mais liberais, se não fosse a austera sinceridade da sua paixão religiosa.

Entre os povos neolatinos, mais ou menos solapados pelo ceticismo revolucionário, costumamos associar a idéia do liberalismo à de indiferença em matérias de fé. Tudo é diverso aqui. O estadista cuja influência liberal cavou mais fundas mudanças na constituição inglesa, e cuja vida mede, por assim dizer, a transformação desta antiga aristocracia parlamentar em verdadeira democracia republicana, o único homem de prestígio bastante para converter em bandeira de política inglesa a autonomia da Irlanda, é um teólogo, cujos escritos em defesa da fé cristã exercem, nas letras sagradas, a mesma autoridade que, nas letras clássicas, os seus trabalhos críticos sobre a idade e os poemas de Homero. Abaixo de Gladstone, abaixo desse, o orador que mais fascinação exerceu sobre a opinião pública nesta terra durante os últimos cinqüenta anos, o democrata que nela semeou as idéias mais radicais, o cosmopolita cuja eloqüência esposou, na Europa e na América, a causa de todas as liberdades, foi um panegirista cristão, um quacre da mais severa têmpera. Mas, depois que nos lábios de John Bright expirou aquela eloqüência semibíblica, semi-shakespeareana, onde vibrava, durante meio século, a voz de todas as nacionalidades oprimidas, e que, de outra parte, o *grand old man* já não quebra o silêncio do seu retiro, senão para modular Horácio em saxônio ou dar à Armênia ensangüentada a mão que libertou Nápoles dos Bourbons, e revoltou a Europa contra as atrocidades turcas na Bulgária,

---

[18] Oliver Cromwell (1599-1658), militar e político britânico, pôs fim à monarquia absolutista britânica e governou a Inglaterra, a Escócia e a Irlanda de 1653 a 1658. (N. do E.)

não resta ao partido liberal, dissolvido em grupos incongruentes, cimentado por alianças efêmeras, impopularizado pelas temeridades do *home-rule* e do ataque à Câmara dos Lordes, nenhum dos gigantes que o fizeram. A opinião bandeia-se rapidamente para os conservadores, a quem as próximas eleições auguraram o início de uma das suas mais largas passagens pelo governo, ao passo que do seio desse partido se eleva, com a mesma rapidez, o homem que parece destinado a estender sobre o império britânico a sombra de uma grande personalidade[19].

---

[19] Essa predição foi amplamente confirmada pelas últimas eleições, que deram aos conservadores o poder com grande maioria no Parlamento. (N. do A.)

CAPÍTULO II

Ainda para ouvidos pouco efeitos a coisas deste país não será novo o nome de Arthur James Balfour. Membro da administração nos dois ministérios conservadores de 1885-86 e 1886-92, a princípio como presidente, do Local Government Board (1885-86), depois como secretário da Escócia (1886-87), em seguida como principal secretário da Irlanda (1887-91), subiu, neste último ano, a Primeiro Lorde do Tesouro, e assumiu, com essa dignidade, a de líder da Câmara dos Comuns. Na Irlanda, o seu tato, a sua discrição, a sua benignidade de ânimo o habituaram a transpor com vantagem os espinhos de uma missão impopular e aspérrima, deixando um nome respeitado ainda entre os nacionalistas irlandeses. Dele pôde escrever-se que fora o mais bem preparado secretário da Irlanda desde Chesterfield e o mais forte administrador da Irlanda desde Strafford. Na Câmara dos Comuns a sua *leadership* passa por admirável. Tático notável nas evoluções, *debater* de raras prendas na tribuna, Mr. Balfour tem sido comparado a Lorde Palmerston nas qualidades mais eficazes em captar a confiança da Inglaterra, no bom senso, na coragem, no critério em medir a importância ou insignificância relativa das circunstâncias políticas, ou dos incidentes parlamentares. Mas a Lorde Palmerston sobreexcede na equanimidade, na benevolência do seu antagonismo, na incolumidade a certos vícios do espírito de partido. Entre os conflitos da refrega política revê-se nele como que uma dignidade interior, que parece refletir-se-lhe nas ações, e extremá-las da pugnacidade vulgar: a consciência de que as questões debatidas na arena pública não são as mais sérias do destino humano. É que este homem, de quem se tem dito ser o mais conspícuo e interessante vulto da família inglesa nestes tempos, e que comparte com Lorde Devonshire a honra de representarem, nas duas casas do Parlamento, as duas maiores vocações militantes do país nestes dias, este futuro *ruler* da Inglaterra teve a fortuna de disciplinar os hábitos do seu espírito nos sentimentos da fé, robustecidos pelas investigações da filosofia.

O seu primeiro livro, *Da defesa da dúvida filosófica*, não estava em grande cheiro de santidade entre ortodoxos. Estes, suspeitando-o de simpatias por essa dúvida científica, a que tamanhas conquistas se devem na inquirição dos fenômenos naturais e tamanha mudança no aspecto filosófico da natureza, não andavam muito longe de inscrevê-lo nas fileiras condenadas do agnosticismo. O qüiproquó acaba, porém, de desfazer-se com a publicação d'*Os fundamentos da fé*[1], belo, forte e grande livro, a maior sensação destes tempos no mundo literário e no mundo político.

As rivalidades políticas emudeceram, congraçando-se em unânime homenagem ao merecimento de um trabalho destinado a assinalar época na história filosófica do país, a elevar o tom da controvérsia teológica, e a ser, por muitos anos, o eixo em torno do qual hão de girar os estudos ingleses acerca da mais alta questão dos nossos tempos. Os inimigos sentem que

---

[1] Balfour, Arthur James. *The foundations of belief, being notes introductory to the study of theology. By the right hon.* Londres, Longman, Green & C., 1895. (N. do A.)

o adversário cresceu cem côvados, que o chefe político estreitou, por esta brilhante apologia das crenças nacionais, a antiga consonância das suas simpatias no espírito popular, que a sua influência criou fora e acima dos partidos alicerces novos, estáveis e profundos. Mas nem por isso são menos profusos na expressão do seu reconhecimento pela obra inesperada com que a Inglaterra acaba de acrescentar novo brilho à sua antiga reputação no domínio das ciências especulativas. De modo que o *Daily News* emparelha com o *Times* em reconhecer que "este volume será universalmente acolhido como contribuição do maior interesse e importância para a mais grave controvérsia dos nossos dias". A obra de Mr. Balfour, reflete a *St. James Gazette*, "é mais do que uma obra filosófica. Na posição do seu autor, é uma nova revelação dê um homem, que grande influência tem de exercer nos tempos vindouros". O *Spectator*, o grande órgão literário e político, diz: "O maior serviço que o líder da oposição tem prestado à geração atual não é porventura a ação, que exerce como cabeça do partido conservador na Câmara dos Comuns, mas esta obra impressiva, em que esclarece a influência da autoridade na evolução das crenças, verdadeiras ou falsas".

O livro está, portanto, mui acima da humilde situação que lhe assina o seu subtítulo, quando o apresenta como simples conjunto de "notas preambulares ao estudo da teologia". Na realidade é, para me exprimir como a *Pall Mall Gazette*, "um contingente de primeira ordem para a maior contestação filosófica deste século". Partindo, porém, de um homem cujo peso tão grande parece reservado a ser, aqui, "na história dos próximos vinte e cinco anos", e despertando, por outro lado, não só na vida intelectual do país, como nos seus círculos políticos, o alvoroço, que o saudou, esta produção extraordinária é mais do que a confissão de fé de um filósofo cristão, ou o descobrimento de um veio precioso, inopinadamente aventado na literatura de um país culto: é o manifesto da consciência moral de uma sociedade, voltando-se inquieta para as suas origens, em busca, talvez, da tradição salvadora, no meio dos perigos da crise geral que ameaça convulsar uma civilização corroída até ao âmago pelo ceticismo, pela negação, pela irreverência, pelo orgulho, pela inveja, por todas as paixões da anarquia. E, nessa discussão radical de todos os títulos da autoridade, a própria liberdade não será mais do que a autoridade mesma, o primeiro interesse humano posto em risco? A força não terá de ocupar, nas sociedades varridas pelos sistemas demolidores, o lugar que a autoridade, o direito antigo, a base da velha ordem liberal houver desocupado?

Encetado como simples introdução, como série de considerações preliminares às cogitações teológicas, o livro de Balfour vai assentar a sua conclusão nos umbrais da teologia cristã. Mas, vingando a distância entre o seu ponto de partida no exame dos mais delicados problemas filosóficos da ciência moderna e o seu termo na fórmula de unificação das crenças humanas pela concepção tradicional de uma causa superior, atravessa as regiões mais altas do pensamento; e a argumentação, equilibrada sempre nos cimos culminantes com uma dignidade inalterável, "move-se por caminhos que poucos têm logrado percorrer com felicidade". O autor sabe que "as batalhas decisivas da teologia se dão fora das suas fronteiras"; que "a causa da religião não se perde ou ganha nas controvérsias meramente religiosas"; que "os nossos juízos a respeito desses problemas especiais se liquidam, de ordinário, segundo o nosso modo geral de encarar o universo". Em conseqüência, o seu intuito é "recomendar certa maneira especial de considerar o problema do mundo, que, bom ou mau grado nosso, se impõe à nossa contemplação", e conduzir o leitor "a um ponto de vista de onde os pequenos fragmentos do todo infinito, que apenas nos é dado apanhar de relance, nos apareçam nas suas verdadeiras proporções relativas". O seu objeto, portanto, é "delinear, e, se possível, justificar uma atitude particular de espírito". Por isso, conquanto o batismo e o objetivo final da obra a filiem positivamente à classe das apologias cristãs, a sua matéria é, em regra, mais secular do que um e outro indicariam; e, se bem que a discussão paire sempre mui alto, o autor não escreveu para sábios, apesar de rivalizar com eles no engenho, na competência, na segurança, na precisão, mas para o comum dos leitores, para o grande público inteligente, a cujo alcance soube pôr-se com raro tato, com esplêndida lucidez, evitando o tecnicismo filosófico das escolas.

Timbrando em dar às suas idéias o relevo necessário a esse propósito de vulgarização, o autor quis defini-las por um contraste incisivo com outro sistema, que lhes servisse de fundo, e as destacasse em plena luz. Postas de parte, por menos acessíveis, as filosofias alemãs, o idealismo transcendental de Kant[2] e seus sucessores, o sistema que mais adequado se lhe afigurou para o confronto é aquele que, em última análise, parece destinado a colher "todos os benefícios dos revezes, por que a teologia possa passar, ou a encher o álveo de onde se for retirando a corrente religiosa". "Para designar essa orientação da inteligência, tem-se usado, mais ou menos corretamente, os nomes de agnosticismo, positivismo ou empirismo". Mas Mr. Balfour os reúne sob o qualificativo genérico de "naturalismo". Nem a denominação pretensiosa e infiel de *positivismo*, que eleva um método à altura de uma filosofia, e reivindica em honra de uma escola recente cânones de investigação científica muito mais antigos do que ela, nem o título obscuro e historicamente inexato de *agnosticismo*, posto hoje em moda para traduzir a *Agnoia* dos filósofos gregos, ou a *docta ignorantia* dos filósofos medievos, podem competir em clareza e propriedade com a expressão adotada pelo ilustre apologista cristão, para traduzir numa só palavra o caráter dessa tendência mental, que reduz a sabedoria ao conhecimento exclusivo "dos fenômenos", encerrando o universo nas ciências da natureza.

Mr. Balfour analisa com severa lógica a superficialidade dos títulos "em que a escola empírica se tem apoiado, sob a

---

[2] Immanuel Kant (1724-1804), filósofo alemão, autor, entre outras obras, de *Crítica da razão pura* e *Crítica da razão prática*. (N. do E.)

pretensão de fundir o naturalismo e a ciência em uma espécie de supremacia comum sobre o pensamento e a consciência do gênero humano". "Com a filosofia empírica", diz, em um trecho característico, "encarada como tentâmen de teoria da ciência, não quero entrar em contenda. Que ela abortasse nada vale. Outras filosofias abortaram. É o seu fado comum. Mas que viesse a tomar a forma do naturalismo, e então, estribada em trabalhos que não são seus, em vitórias que lhe não pertencem, em triunfos científicos de que não tem direito a participar, presuma, não obstante a sua insuficiência especulativa, ditar condições de capitulação a todos os outros sistemas de crença, é de todo ponto intolerável. Quem daria ao naturalismo a mínima atenção, se ele não se misturasse à força na comitiva da ciência, não lhe vestisse a libré, reclamando, à guisa de parente, a honra de encarnar-lhe a autoridade, e reproduzir-lhe a voz? Por si mesmo ele nada é. Nem provê às necessidades do gênero humano, nem lhe satisfaz à razão".

Bem se percebe, pois, a direção, a "atitude mental" do livro de Mr. Balfour. É a mais nobre, inteligente, poderosa defesa dos direitos da autoridade que se poderia escrever, no estado atual do espírito humano. Se a autoridade não pode eximir-se à tacha de haver atrasado o progresso, e perpetuado erros, não é menos estreme de males a obra da razão. "As fontes onde mitigamos a sede são sempre turvas." Mas, se, dentre essas duas pretendentes ao mérito da superioridade na elaboração das convicções humanas, "houvermos de sentenciar eqüitativamente, não esqueçamos que mais à autoridade do que à razão se devem, não a moral só, mas a moral e a política; que autoridade é quem ministra os elementos essenciais às premissas da ciência; que os fundamentos da vida social assentam antes na autoridade do que na razão; e que a autoridade contribui mais do que a razão para lhe cimentar a superestrutura. Indo além, ainda que saiba a paradoxo, não se exagerará, dizendo que, se quiséssemos determinar a qualidade que nos dá, na criação, a primazia sobre o bruto, havíamos de buscá-la, não tanto na faculdade de convencermos e sermos convencidos pelo uso do raciocínio, como na nossa aptidão mútua de exercer e receber o influxo da autoridade"[3].

Sem negar à razão a importância do seu concurso na produção das crenças, dos costumes e dos ideais, onde assenta a nossa existência, ele mostra com admirável transparência como a autoridade intervém em escala considerável nos processos aparentemente mais espontâneos do nosso pensamento. É de uma felicidade singular a parábola em que concretiza essa observação delicada. Diz-se que, nos primeiros tempos da aplicação do vapor à mecânica, se usava confiar a um menino o jogo da válvula que abre os cilindros à água vaporizada. Certo dia um rapaz, mais atilado que os outros, imaginou economizar trabalho inútil, atando a uma das peças móveis da máquina o cordel que até então lhe servia para despejar o vapor com um movimento do braço a cada impulso dos êmbolos. "Antes da revolução operada por essa criança, que, amarrando a guita da válvula a uma das peças ativas do mecanismo, dispensou daí em diante esse esforço pessoal, o menino empregado nessa grosseira especialidade havia provavelmente de magnificar o valor das suas funções, considerando-as, com perdoável desvanecimento, as mais importantes de todas, por serem o único elo racional na seqüência de causas e efeitos mediante a qual a energia desenvolvida na fornalha se ia converter por fim no movimento das rodas. Assim estamos nós, como entes raciocinantes, em presença dos complexos processos, fisiológicos e psíquicos, pelos quais se produzem as convicções necessárias à direção da vida. Para os resultados obtidos por efeito desses processos ligeiro é o contingente da razão; mas decretado está piamente, a fim de que esse adjutório surta o melhor de seus resultados, que, enquanto se não atine combinação melhor, a razão se debuxe aos

---

[3] Balfour, Arthur James. *The foundations of belief.* Op. cit., pp. 229-230. (N. do A.)

olhos da criatura racional como o mais valioso membro de todo o mecanismo"[4].

Antes de chegar a esse estádio adiantado na exposição das suas idéias, Mr. Balfour, depois de particularizar o "naturalismo" como o sistema que exclui absolutamente do campo da filosofia as realidades e hipóteses inverificáveis pelos órgãos da percepção exterior, estuda sucessivamente as conseqüências da aplicação desse critério exclusivista à estética e à razão.

Na primeira parte avulta como observação inicial a unanimidade, geral aos adeptos de todos os credos, religiosos ou irreligiosos, quanto à substância da lei moral e os seus títulos inabaláveis à reverência humana. Os que assentam a moralidade em princípios *a priori*, os que a esteiam nos mandamentos de Deus, o transcendentalista, o teólogo, o místico, o evolucionista, "todos acordam quanto à matéria dos preceitos que ela estatui, bem como no tocante à natureza dos sentimentos com que esses preceitos devem ser considerados". Só o hábito, na opinião do autor, nos pode tornar cegos à singularidade dessa consonância entre espíritos que se harmonizam em torno de uma conclusão tão importante, quando as premissas sobre que discorrem têm de permeio distâncias imensas e antagonismos inconciliáveis.

Esses direitos da moral à obediência inquestionável do gênero humano serão deveras indiferentes à origem dela? O autor parece registrar apenas uma noção de senso comum, quando sustenta que a aptidão imperativa de um código, a sua capacidade de inspirar a criaturas inteligentes o sentimento de submissão não pode ser independente da idéia associada por elas à procedência desse conjunto de leis. Acaso a solução naturalista explica essa reverência, ou satisfaz as condições necessárias para assegurá-la? Suponde, no seu ponto de vista, a eliminação dos nossos atos morais. O mais que se poderia figurar como resultado "é que haveria uma vasta diminuição

---

[4] Id., ibid., pp. 203 e 204. (N. do A.)

na felicidade humana, que a civilização se tornaria difícil, ou impossível, que as raças superiores pereceriam, e desapareceriam. São considerações que, na estimativa das raças superiores, não passarão por despiciendas, apesar de bagatelas relativamente ao universo em geral. Note-se, porém, que cada uma dessas proposições se pode enunciar com a mesma, ou ainda maior, segurança, em referência a todos os apetites do corpo e a muitas das formas mais triviais do desejo, ou da ambição"[5].

Certamente aqueles que aderem aos conceitos estritamente naturalistas do homem e do universo sobressaem muitas vezes "como os mais ruidosos e não os menos sinceros no preito à majestade da lei moral". Mas esses labutam entre uma idéia e um sentimento "antagônicos". Falam-nos os biólogos, diz o autor, "em certos parasitas, que vivem e não podem viver senão no corpo de certos animais de organização mais elevada. Assim esses indivíduos com cujo exemplo se pretende evidenciar que o naturalismo é praticamente compatível com idéias de moralidade, em relação às quais não tem afinidade natural. A sua vida moral é parasitária: está incrustada em convicções que pertencem, não a eles, mas à sociedade, de que formam parte, e nutre-se por meio de processos em que eles não intervêm. Quando essas convicções se decompõem, quando esses processos se paralisam, não é de esperar que lhes sobreviva a existência adventícia que entretinha"[6].

Esses casos são episódios individuais, que certos estados subjetivos poderão explicar, mas que a sua contradição interior não permite elevar à altura de generalização filosófica e muito menos à autoridade de doutrina obrigatória. Assim vacila sobre as suas bases "a religião da humanidade", substituída logicamente pela niilismo ético de Nietzsche.

---

[5] Id., ibid., pp. 13 e 14. (N. do A.)
[6] Id., ibid., pp. 82 e 83. (N. do A.)

Se Kant comparava a moral ao firmamento estrelado, e os qualificava de sublimes, na hipótese naturalista, consoante Mr. Balfour, "mais apropriado seria assimilar a moral ao estojo que protege o dorso do escaravelho, e achá-los uma e outro engenhosos. Mas como há de 'a beleza da santidade' manter o seu lustre em espíritos assim familiarizados com a vulgaridade da sua descendência? A humanidade, a própria humanidade instruída, pode, sem embargo da influência das teorias, preservar ilesos certos sentimentos, que recebemos dos entes mais caros, nos anos mais sensíveis a impressões. Mas, se, ensinando-lhe, por um lado, a supremacia da consciência e a austera majestade do dever, a persuadirem, por outro, de que esses sentimentos e crenças são meros espécimes de combinações complicadas, muitas grosseiras, outras repugnantes, elaboradas, no organismo do corpo humano, ou no da sociedade, pelas forças geratrizes da seleção e eliminação, em boa parte, seguramente, se anulará a eficácia dessa lição moral, entregando-nos à confusão e à perplexidade ante a incongruência entre o sentimento ético e a teoria naturalista, tropeço constante aos que lidam por consorciar em um credo coerente as cruas explicações da biologia e os altos reclamos da moral"[7].

Um pendor irresistível acende em nós a aspiração ardente de consagrarmos os nossos esforços ao que é universal, de fundirmos a nossa existência no que é permanente. Este sentimento, na interpretação naturalista do mundo, não necessita de outra nutrição além do conceito da lei moral em si mesma e dos hábitos de proceder criados aos seu influxo. Mas, dadas as contingências da nossa fraqueza, "que monta a confiança na fixidez da lei moral, se tanto ela, como o mundo sensivo, fora do qual ela não tem sentido, estão fadados a desaparecer em períodos mínimos relativamente aos com que lida o geólogo e o astrônomo no curso dos seus cálculos habituais?"[8]

---

[7] Id., ibid., pp. 18 e 19. (N. do A.)
[8] Id., ibid., p. 31. (N. do A.)

Aqui a eloqüência do autor culmina em algumas páginas solenes sobre a posição do homem no universo, as relações entre a maneira naturalista, ou religiosa, de considerá-lo e a eficácia das sanções morais:

"O homem, ao que a ciência natural nos ensina, já não é, como dantes, a causa final do universo, o herdeiro, por celeste linhagem, de todas as eras. Sua existência mesma vem a ficar sendo apenas um acidente, sua história um curto episódio na duração de um dos menores planetas. Da convergência de causas, que transmudaram um inanimado composto orgânico nos progenitores vivos da humanidade, nada em verdade conhece a ciência. Bastará, entretanto, sabermos que de tais primórdios evolveu gradualmente, pelas fomes, pelas pestes, pelas mútuas carnificinas, dignas criadoras dos futuros soberanos da criação, após lavores infinitos, uma espécie dotada de consciência bastante para sentir a sua vileza, e entendimento suficiente para medir a sua insignificância. Descortinando o passado, percebemos que o desenvolvimento dela se compõe de sangue e lágrimas, erros irreparáveis, bravias revoltas, estúpidas subserviências e inanes aspirações. Sondando o futuro, descobrimos que, no termo de um lapso de anos, extenso, se o compararmos com a vida individual, mas breve, se o cotejamos com as extensões de tempo acessíveis à nossa pesquisa, as energias do nosso sistema planetário decairão, o esplendor do Sol se amortecerá, e a Terra, exausta, inerte, já não comportará a espécie, que veio perturbar por momentos a sua soledade. O homem abismar-se-á no vórtice, e com ele fenecerão todos os seus pensamentos. A consciência irrequieta, que, neste desvão obscuro, quebrou, por um rápido espaço de tempo, o tranqüilo silêncio do universo, jazerá em paz. A matéria já não terá conhecimento de si mesma. "Monumentos imorredouros" e "feitos imortais", a própria morte e o amor, mais forte do que ela, terão passado, como se nunca houvessem existido. Do que remanescer, nada se terá ganho, para bem, ou para mal, com quantas obras o trabalho, o gênio, a devoção e os sofrimentos do homem tiverem mourejado em realizar através de gerações inumeráveis"[9].

O norte deste raciocínio é claro. Se a moral não é mais do que a higiene da espécie, um regime de precauções para lhe dilatar a existência valetudinária, uma arte de longevidade, útil, quando muito, para retardar alguns séculos, ou algumas dezenas de séculos, o desenlace inevitável, o aniquilamento universal, não será mero artifício esse esplendor com que as escolas incrédulas estão de acordo com a teologia em lhe aureolar as leis? Que importam, afinal, à humanidade mais três ou quatro mil anos de penosa fruição do globo, se, ao cabo de seu trânsito pela terra, não hão de sobreviver, aqui, ou além, senão restos fósseis, cal, substâncias inconscientes, derradeiros vestígios de uma raça extinta, disseminados pela superfície do planeta, mortos, depois reabsorvidos nele, na sua insensibilidade, na sua irresponsabilidade, no seu eterno esquecimento? Se a moral apela unicamente para os nossos instintos de conservação, se é apenas a muralha necessária contra a anarquia, haverá nesse dique artificial, quando o sentimento do seu valor transitório saturar as grandes ondas humanas, bastante majestade para resistir aos grandes movimentos da história, moderar os embates violentos das sociedades em luta, obstar a que a última fase da civilização seja a idade áurea da força desabusada?

No capítulo seguinte o autor considera as teorias naturalistas concernentes à origem dos sentimentos estéticos. Do mesmo modo como a consciência é, para elas, um produto orgânico da natureza, o gosto, a apreciação do belo reduz-se, por sua vez, a uma elaboração de causas materiais. Mr. Balfour discute as insuficiências dessa explicação, tomando por ponto de partida as emoções associadas à música. Conhece-se, a esse respeito, a interpretação de H. Spencer[10], inspirada na de Rousseau: o

---

[9] Id., ibid., pp. 30 e 41. (N. do A.)

[10] Herbert Spencer (1820-1903), filósofo positivista inglês, precursor

esforço muscular, despertado pelas sensações fortes; as contrações e distensões consecutivas do tórax, do abdômen, das cordas vocais; os rumores resultantes recordando, por idéia associada, no indivíduo preparado pela herança, as impressões originariamente produzidas por fenômenos semelhantes; a palavra cadenciada, a música emanando, em seguida, espontaneamente, dessa "coincidência primordial". A impugnação do autor nega a esta série de causas e efeitos fisiológicos o seu pretenso valor como explicação do sentimento musical no homem civilizado. "Admitamos que uma certa e determinada emoção originasse 'a contração do abdômen', determinasse um som, ou uma série de sons, e que, pela associação deles à emoção primitiva, esse fato de audição venha a adquirir de si mesmo uma importância estética independente. Estaremos mais adiantados, para explicar a nossa predileção por efeitos sônicos inteiramente diversos? Como é que eles nos horrorizam, à medida que nos aproximamos dos rumores iniciais? De que modo a 'coincidência primordial' explicará o gosto dos nossos maiores por certos instrumentos rudimentares? E como é que o apreço dos nossos antepassados por esses toscos instrumentos viria a explicar a nossa estima pela *Quinta Sinfonia*?"[11].

Evidentemente a análise dos elementos materiais que se combinam nos fatos estéticos não nos decifra este resultado superior: a idéia geral do belo e o seu senso de apreciação. "Se conseguíssemos perceber a cadeia de circunstâncias que constituem o ocaso do sol, tais quais se passam, tais quais são *em si mesmas* (*fisicamente* falando), nenhum merecimento ou alcance estético lhe acharíamos. Se pudéssemos praticar a mesma operação em uma sinfonia, idêntico seria o resultado. O primeiro reduzir-se-ia a uma agitação peculiar do éter; a segunda, a uma agitação especial do ar. Por mais que uma e

---

do darwinismo social. (N. do E.)

[11] Balfour, Arthur James. *The foundations of belief*. Op. cit., pp. 30-31. (N. do A.)

outra excitassem a curiosidade do físico, ou do matemático, não teriam, aos olhos do artista, interesse, nem sentido"[12].

Infelizmente não nos é dado acompanhar o desenvolvimento dessas reflexões. Teríamos que transcrever meio volume, tão abundante pasto nos depara à imaginação e ao estudo. Bastará dizer que a conclusão da sua filosofia reivindica para o belo uma existência intrínseca e essencial, independente dos sentimentos e do gosto do observador. "Quando volvemos os olhos atrás, para esses raros instantes em que os sentimentos acordados em nós por um espetáculo belo, além de parecerem absorver-nos completamente, nos levantam à contemplação de coisas mui superiores ao descortino dos sentidos, ou da razão, não nos é possível aquiescer a qualquer explicação desse estado, que se circunscreva a uma enumeração de causas e efeitos fisiológicos, ou psíquicos. Não se pode assentir de boa mente em uma teoria que diferença o bom compositor do bom cozinheiro simplesmente em que um lida com relações mais complicadas, funciona em um círculo de associações de idéias mais amplo do que o outro, e nos desperta as sensações por outro sentido. Embora nos custe, pois, resignarmo-nos a aceitar um plano qualquer de estética metafísica [e o autor os considera na sua maioria nimiamente absurdos], força é crer na existência, algures, de um Ser, para quem o belo irradia esplendores inalteráveis, de cujo brilho, pela natureza e pela arte, colhemos apenas, cada qual do seu ponto de vista, clarões fugazes, reflexos esparsos, cujos variados aspectos não sabemos coordenar, cujo alcance não podemos compreender satisfatoriamente, mas que, pelo menos, representam com certeza alguma coisa mais do que o jogo fortuito da sensibilidade subjetiva, ou o eco longínquo de antigos atavismos. Essa crença mística, porém, não se pode extrair da observação, nem da experiência; a ciência não no-

---

[12] Id., ibid., p. 43. (N. do A.)

lo daria; nem há meio de reduzi-la a consonar com a teoria naturalista do universo"[13].

No capítulo imediato assistimos ao exame da razão considerada como o último produto da natureza, o fruto sublime da matéria organizada. No subseqüente, que remata a primeira seção da obra, as convicções do autor se condensam vigorosas e incisivas: "Se o naturalismo é verdadeiro, ou, antes, se nele se resume a verdade toda, neste caso a moral vem a ser apenas um catálogo de prescrições utilitárias, o belo vem a ser o acaso de um gozo fugitivo, o entendimento a transição obscura de uma a outra série de hábitos irreflexivos. Tudo o que imprime dignidade à vida e estimação ao esforço contrai-se, e desmaia sob o olhar implacável de um credo como esse. Até a curiosidade, a mais resistente das nobres paixões da alma, definhará, sob a persuasão de que, nem nos dias desta geração, nem nos da vindoura, nem nesta vida, nem noutra, se desatará jamais o vínculo que sujeita a razão, como os apetites, ao cativeiro hereditário das nossas necessidades materiais"[14].

Vivas objeções há de suscitar, por certo, esta maneira de argumentar. A especulação filosófica responderá que a verdade não está subordinada à conveniência dos seus efeitos humanos. Discutir as conseqüências indiretas e colaterais de uma teoria não é, em rigor lógico, demonstrar a sua falsidade intrínseca, o seu erro substancial. A atitude de Mr. Balfour, por esse lado, já houve quem o sugerisse, poderia equiparar-se à do acusador que começa por denegrir a reputação do acusado, para indispor contra ele a consciência do júri. O autor, porém, previu e preveniu a impugnação. Afastando-se da ordem filosófica, o seu propósito foi acercar-se da ordem humana. O sábio pesa os sistemas na balança dos princípios, não na dos

---

[13] Id., ibid., pp. 64-66. (N. do A.)
[14] Id., ibid., pp. 76-78. (N. do A.)

resultados. Mas o bom senso vulgar segue, e seguirá sempre, caminho inverso. Nem essa inversão contraria os interesses essenciais da verdade. Antes pode vir a ser, em última análise, um subsídio à sua causa, criando na desconfiança estabelecida contra as teorias pelo exame da sua ação social um novo filtro, uma fase de verificação adicional contra as ilusões do filosofismo. Se o inquérito instituído a respeito da influência prática de um sistema evidenciar a sua intolerabilidade, a presunção, que daí deriva contra ele, será bastante séria, para o colocar na posição de defendente, e, pelo menos, reservar a adesão do gênero humano, até que o argüido liquide a argüição pendente. Mr. Balfour, obedecendo à feição realista da sua vocação, como homem habituado a reger homens, não quis, na sua obra, cinzelar "uma curiosidade dialética", apetecível unicamente a especialistas, mas influir nos seus leitores, alargando-lhes o círculo muito além da esfera ordinária dos estudiosos, a mais profunda simpatia pelas questões sobre que se edifica a ciência moderna, fazendo-os palpar os interesses permanentes e capitais da vida individual e social, que se relacionam com os mais altos problemas da especulação filosófica.

Aparelhados assim pelo sentimento do imenso alcance prático do assunto somos postos em contato, na parte segunda, com a sua face especulativa: as bases filosóficas do naturalismo, o idealismo contemporâneo, discutido especialmente nas produções dos seus representantes na Inglaterra, o racionalismo e a sua ortodoxia.

Aí, deixando de parte as crenças, que a ciência inculca, o investigador trata de examinar em que consideração assenta a confiança na veracidade delas. "Em vez de indagar o modo como uma coisa se produz, ou o que vem a ser, pretende-se apurar agora o *como* sabemos que ela acontece assim, e o *por que* acreditamos ser ela em realidade o que nos parece." O naturalismo cifra exclusivamente no testemunho dos sentidos o critério da realidade. Mas esse veículo nos ministrará porventura conhecimento *direto* da natureza? Mr. Balfour decompõe, com os próprios dados da ciência *positiva*, os elementos da evidência material. O que tomamos usualmente como a imagem imediata das coisas não passa de outros efeitos de efeitos. A visão, o ouvido, todos os meios de relação entre o homem e o mundo sensível não nos trazem senão as nossas impressões cerebrais. Entre elas e os objetos há uma complicada sucessão de causas e resultados, ações e reações em cujo curso a verificação científica descobre, a cada passo, as maiores discrepâncias entre a realidade objetiva e as formas sob que a apreende o espírito humano. A observação experimental, que tantas dessas ilusões discerne, e enumera, poderá fixar limite a essa possibilidade de erro, determinar onde principia e acaba realmente a realidade, em que raias começa e termina a falácia da sua representação subjetiva?

Nove décimos da nossa experiência das coisas assentam na observação visual e, entretanto, cientificamente, o testemunho visual "é sempre errôneo". Nos fatos percebidos pela vista a cor é uma aparência universal. Mas os objetos visíveis são incolores. Contra o que os nossos olhos nos atestam, a cor não é propriedade dos objetos, mas simples sensação nossa. A coloração é estranha às coisas, que no-la apresentam, simples efeito das ondulações do éter, que refletem. Na mais brilhante das realidades debuxadas pelos sentidos, em cujo *inequívoco* testemunho assenta a ciência delas, tudo, pois, está longe de ser real. A qualidade que mais vivamente se nos figura inerente aos objetos observados está fora deles. O azul do céu, o verde dos prados, o rubro do sangue não se acham nem no sangue, nem na vegetação, nem na atmosfera. Vibrações de partículas imperceptíveis no objeto da nossa contemplação; oscilações operadas pelo seu contato nesse éter hipotético e inescrutável que nos envolve; modificações do tecido nervoso, no recipiente humano: eis os três elementos sucessivos na explicação científica desse fenômeno elementar.

Mas nenhum deles encerra em si garantias certas de fidelidade. "Podem ser de todo em todo falsos", e "nunca são inteiramente verdadeiros".

Ora, "que espécie de sistema é um que assim desconceitua as suas próprias premissas? Em que inextricáveis contradições não nos emaranha essa tentativa de assentar a ciência em observações, cuja erronia a ciência mesma reconhece? Com que direito havemos de proclamar veraz a mesma experiência imediata, quando nos testifica a existência independente dos objetos sólidos e extensos, ao passo que a enjeitamos como ilusória, quando nos assegura a realidade independente dos objetos coloridos e luminosos?"[15]

Destarte os mais firmes resultados obtidos até aqui pela aplicação dos processos empíricos se aluem ao contato dos princípios de análise científica por eles mesmos estabelecidos. Os pensadores que não se resignam, como Hume[16], ao vazio desta última conclusão, vão buscar, fora da realidade independente que a ciência pressupõe, e estuda, entes de razão seus, cuja problemática estabilidade contrapõem à corrente cambiante das nossas sensações. Onde a física imagina átomos e movimentos, Mill[17] sugere as suas *possibilidades permanentes de sensação*, e Herbert Spencer, o seu *incognoscível*. Mas "o que é permanente apenas *como possibilidade* não é permanente senão *em nome*". E o "incognoscível", escapando à análise da razão, destituído, perante a ciência, de todos os caracteres inerentes às realidades positivas, não passa de uma hipótese convencional para substituir uma realidade transparente, mas indefinida. "*Eu* venho a ser assim o centro do mundo. O mundo sou *eu* mesmo. Além de mim, das minhas idéias, nada há, ou nada pelo menos susceptível de se conhecer. Os problemas que tanto nos inquietam, a origem das coisas e os modos do seu desenvolvimento, a íntima constituição da matéria e as

---

[15] Id., ibid., p. 113. (N. do A.)

[16] David Hume (1711-1776), filósofo e historiador escocês, o mais radical dos empiristas britânicos. (N. do E.)

[17] John Stuart Mill (1806-1873), filósofo e economista inglês, defensor do utilitarismo. (N. do E.)

suas relações com o espírito vêm a se resolver em controvérsias acerca de coisa nenhuma, puras interrogações declamadas no vácuo. A oca e aérea estrutura das ciências, com o vasto globo em que se exercem, dissolve-se, sem deixar rastro, ao toque de tais teorias"[18].

---

[18] Balfour, Arthur James. *The foundations of belief*. Op. cit., pp. 124-126. (N. do A.)

CAPÍTULO III

Consagrada a primeira parte da obra à demonstração de insuficiência prática do naturalismo, a segunda à discussão da sua incoerência especulativa, e analisada a fraqueza lógica do racionalismo, "que é o naturalismo em embrião, como o naturalismo é o racionalismo desenvolvido", o autor procura, em seguida, conciliar "o mundo natural e o mundo espiritual", um "imediatamente sujeito às leis de causalidade, o outro submetido imediatamente a Deus", ambos *reais* e ambos, nas suas regiões contíguas, mas distintas, igualmente objeto "de saber real"[1].

Uma ilusão trivial associa exclusivamente à razão os elementos salutares e à autoridade as influências malfazejas na história das crenças humanas. O autor restabelece vitoriosamente a verdade, evidenciando quão limitada é nos seus resultados essa razão que nos seus direitos pretende ser suprema, quão incomensurável nos seus benefícios essa autoridade em vão amesquinhada pelos seus antagonistas. A razão

---
[1] Id., ibid., p. 186. (N. do A.)

forma a nossa inteligência, molda o nosso raciocínio, determina os nossos atos, afeiçoa o nosso progresso por infinitos modos. A educação, "o espírito da época", o meio, a atmosfera moral, "os climas psicológicos" são outros tantos fatores decisivos na obra do nosso destino e na gestação das nossas idéias. Os serviços da razão, na ciência, na filosofia, na moral, na política, na teologia, são imensos e conspícuos. O autor enumera-lhe as conseqüências diretas da sua atividade, e alude às indiretas. Mas, se voltamos os olhos do trabalho "consciente" da razão para a ação "inconsciente" da autoridade, o espetáculo é ainda mais notável:

"Os efeitos da primeira, não obstante a proeminência que lhes imprime a dignidade da sua origem, são diminutos, em confronto com a influência onipresente da segunda. A cada momento da nossa vida, como indivíduos, como membros de uma família, de um partido, de uma nação, de uma igreja, de uma associação universal, a ingerência sutil da autoridade modela, despercebida, os nossos sentimentos, as nossas aspirações, e, o que ainda mais de perto nos interessa, as nossas crenças. *É da autoridade que a razão mesma colhe as suas premissas mais importantes*. E, ainda nos casos em que com mais fundamento poderíamos dizer que as nossas crenças são o fruto racional de processos estritamente investigativos, bastaria estender-lhes até à origem o fio das nossas ilações, para ir ter a algum princípio geral, que, em última análise, não é senão um dos efeitos da influência da autoridade"[2].

Sobre as considerações feitas acerca das nossas crenças quanto à sua necessidade prática, sua prova filosófica e sua origem científica, o autor pretende assentar, na parte quarta do livro, as bases provisórias de uma filosofia da realidade no seu aspecto sensível e no seu aspecto imaterial. Não é que lhe pareça exeqüível a unificação geral das crenças humanas em

---

[2] Id., ibid., p. 228. (N. do A.)

um só todo coordenado. Esse ideal, de que não podemos prescindir, não nos será possível, talvez, alcançá-lo nunca. Mas há meio de caminhar eficazmente para ele. O obstáculo está na opinião corrente que atribui aos juízos científicos uma situação privilegiada e exclusivista relativamente aos demais, aos que giram na esfera da moral, da estética, ou da teologia. Os primeiros distinguem-se pela sua *inevitabilidade*. As coisas sensíveis impõe-nos, com razão, ou sem ela, certas noções fatais. Essa irresistibilidade, não a sentimos nas concepções do mundo invisível, que a reflexão nos entremostra, e a fé nos afirma. Mas "comparai, por exemplo", diz o autor, "a verdade central da teologia — *Deus existe* — com um dos pressupostos fundamentais da ciência: *Há um mundo material independente*. Entro em dúvida se em apoio da última dessas duas sentenças se poderia aduzir justificação tão aceitável, como em defesa da primeira"[3].

Que sabe o físico, afinal, quanto ao alcance exato das idéias elementares sobre que assenta a prova da nossa existência material? Mr. Balfour tem, a esse respeito, um tópico incisivo, em outro lugar: "Que somos nós? Que vem a ser o *espaço*? Podemos *nós* estar no espaço, ou só o nosso corpo é que o pode? *Coisa*, que vem a ser? E, em particular, que é *coisa material*? Quando se afirma que uma coisa atua sobre outra, que se quer dizer? Que pretendemos significar, quando afirmamos que os *objetos materiais* atuam sobre nós?... Considerai, suponhamos, a mais simples dessas questões: que vem a ser *coisa material*? Nada mais simples, enquanto o não examinardes. Nada mais obscuro, logo que o examineis"[4]. Entretanto, "ao passo que a muitos se afigura, não só possível, como fácil, duvidar da existência de Deus, dúvidas sobre a existência independente da matéria só se suscitam em momentos raríssi-

---

[3] Id., ibid., pp. 236-237. (N. do A.)
[4] Id., ibid., p. 281. (N. do A.)

simos de reflexão subjetiva, para se desvanecerem, como névoas de estio, ao primeiro contato do que nos apraz denominar realidade".

Mas as crenças científicas estão longe de assentar nesse plano especial de certeza a que as pretendem elevar. "A fé, essa confiança que, se não contrária à razão, é, pelo menos, independente dela, parece uma necessidade em todos os grandes ramos do saber que interessam à ação do homem. E qual deles não na interessará?"[5]. Por outro lado, "todos os grandes arquitetos de sistemas, fosse o seu intuito sustentar, modificar ou combater a teologia dominante no seu tempo, sempre admitiram à sua hospitalidade algumas, pelo menos, das mais importantes concepções dela"[6]. É o caso de Leibniz[7], Kant, Hegel, Spinoza[8].

Sabe-se o artifício de Herbert Spencer para transpor essa dificuldade. Segundo ele, "as últimas idéias científicas" são inacessíveis ao pensamento, imperscrutáveis, *unthinkable*. O espaço, o tempo, a matéria, o movimento e outras noções análogas envolvem contradições insolúveis, obscuridades impenetráveis à nossa reflexão. As *últimas idéias da ciência*, nessa filosofia, são impenetráveis (*unthinkable*) como as *últimas idéias da teologia*. Dessa região misteriosa, que pareceria, logicamente, dever ficar constituindo terreno comum entre a fé e o saber humano, fez-se uma partilha diplomática, imaginada para atalhar os conflitos entre a ciência e a religião, mediante a transação singular de reservar-se em quinhão à segunda as perplexidades e incongruências indecifráveis à primeira. Mas, se *as últimas idéias científicas são impenetrá-*

---

[5] Id., ibid., p. 240. (N. do A.)

[6] Id., ibid., p. 243. (N. do A.)

[7] Gottfried Wilhelm von Leibniz (1646-1716), filósofo, cientista, matemático, diplomata e bibliotecário alemão. (N. do E.)

[8] Baruch (ou Benedictus, ou Bento) de Spinoza (1632-1677), filósofo racionalista neerlandês. (N. do E.)

veis, as *"proximate scientific ideas"*, isto é, as verdades científicas imediatas, vizinhas contíguas dessas outras, não se ressentirão da sua íntima dependência para com elas? "Se as primeiras são ininteligíveis, como se poderão jamais apurar racionalmente as segundas?"[9] O egrégio autor do *Sistema de filosofia sintética* não admite, porém, objeções especulativas às conclusões positivas da ciência. "Perguntar se a ciência é essencialmente verdadeira", observa ele, "seria como perguntar se o sol dá luz"[10].

Mas será certo, segundo os princípios de Spencer, que o sol dê realmente luz? Mr. Balfour infere que não é certo; primeiro, porque essa concepção pressupõe as noções de matéria, tempo, espaço e força que, segundo Spencer, são incompreensíveis; em segundo lugar, porque, a crermos nas próprias palavras do grande filósofo inglês, "o que nós consideramos como *propriedades da matéria*, o próprio peso e a resistência dos corpos, são apenas *impressões subjetivas* (*subjective affections*), produzidas por influências objetivas, cuja natureza é desconhecida e *incognoscível*"[11].

A filosofia spenceriana recua assim ante os seus próprios corolários. E essa timidez é, no sentir de Mr. Balfour, o seu pecado contra a verdade. Ela compreendeu que "além do que nós supomos conhecer, e na mais estrita relação com ele, jaz um campo infinito, que não nos é conhecido, que, com as nossas faculdades atuais, nunca lograremos devassar, e de que, todavia, não podemos abstrair sem tornar ininteligível e carecente de sentido todo o nosso saber. Mas não advertiu aonde essas idéias a deviam conduzir inevitavelmente. Não percebeu que, se as certezas da ciência se vão perder nas profundidades de insondável mistério, bem pode ser que desses

---

[9] Id., ibid., p. 286. (N. do A.)

[10] Spencer, Herbert. *First principles*, c. I, § 5, p. 19. (N. do A.)

[11] Spencer, Herbert. *Principles of psychology*, I, § 86, p. 206, II, § 472, p. 493. (N. do A.)

mesmos abismos surjam as certezas da religião, e que, se a dependência do *cognoscível* para o *incognoscível* não nos embaraça em um caso, não se pode atinar motivo para que nos enleie no outro"[12].

O rumo dessa argumentação devia necessariamente levar o autor caminho direito ao exame da idéia de Deus. Nesse cimo supremo, que domina, como uma grande interrogação, ou como uma grande certeza, as regiões da filosofia e as da fé, a lucidez crítica do autor emparelha com a elevação e a delicadeza do assunto. Poucos se têm librado tão alto, com tanta firmeza, tanto desembaraço e tanto brilho. Percorrendo essas páginas, de que não me seria possível esboçar uma análise sem sacrificar as qualidades que constituem o seu relevo e o seu primor, compreende-se que, na admiração instantaneamente conquistada por este livro, o nome de Balfour se veja ombrear com o de Butler, o de Newman, o de Pascal[13], e que a pátria de Spencer comece a enxergar no contraditor do famoso filósofo um rival não indigno de tão insigne antagonista.

A tese desenvolvida pelo autor é que a crença, não em um Deus mera *substância*, entidade metafísica, mas em "um Deus vivo", na linguagem da Bíblia, não só não oferece matéria de hostilidade entre a teologia e a ciência, como é uma necessidade, um pressuposto imprescindível desta[14]. "Em chegando a reconhecer a verdade científica de que no extremo de todo e qualquer processo da razão há um processo irracional, de que, sob o aspecto científico, a própria razão é um produto

---

[12] Balfour, Arthur James. *The foundations of belief*. Op. cit., p. 281. (N. do A.)

[13] Samuel Butler (1612-1680), poeta inglês, autor de *Hudibras*; John Henry Newman (1801-1890), filósofo e teólogo inglês, que, depois de ter sido bispo anglicano, converteu-se ao catolicismo, sendo mais tarde nomeado cardeal; Blaise Pascal (1623-1662), filósofo, físico e matemático francês. (N. do E.)

[14] Balfour, Arthur James. *The foundations of belief*. Op. cit., p. 321. (N. do A.)

natural; de que o todo material, sobre que ela se exerce, é obra de causas, físicas, fisiológicas, sociais que ela nem cria, nem rege, seremos levados a sustentar que, atrás dessas forças não racionais e acima delas, guiando-as pouco a pouco, e como que a custo, para um desenlace racional, avulta a razão suprema, em quem havemos de crer, a termos de crer em alguma coisa... E, com a mesma facilidade com que podemos remontar as nossas convicções científicas a origens que nada tenham com a razão, remontaríamos também as nossas convicções morais a fontes que nada tenham com a ética. Umas e outras exigem, portanto, que, além dos fenômenos a que aparentemente se filiam, vamos buscar-lhes uma última base, congruente com elas. Do mesmo modo, pois, como fomos induzidos a estabelecer, a bem da ciência, um Deus racional, não podemos deixar de admitir o Deus moral, reclamado pela moralidade"[15].

A idéia divina, entendida biblicamente, tinha naturalmente que defrontar o filósofo com os assuntos menos congêneres à filosofia: a inspiração, a revelação, a encarnação, zona onde parece começar o domínio privativo do misticismo e do dogma. Não hesitarei em dizer que, ainda para os menos crentes, essa parte do livro abunda em nutrição intelectual. Na sua transparência luminosa e profunda há muito dessa limpidez e dessa dignidade com que Bacon escreveu a sua *Confissão de fé*[16], admirável *Summa theologiae* em sete páginas de uma língua deliciosamente pura, "verdadeiro monumento dos mais capazes de abalar os espíritos menos dóceis à inspiração cristã"[17]. As superficialidades da crítica vulgar acharão naquele trecho muito ante que baixar os olhos. Sente-se ali a que ponto a onda

---

[15] Id., ibid., pp. 322-323. (N. do A.)

[16] Bacon, Francis. *A confession of faith. Bacon's works.* Spedding's Edt., vol. VII, pp. 219-226. (N. do A.)

[17] Rémusat, Charles de. *Bacon: sa vie, son influence et sa philosophie*, p. 152. (N. do A.)

invisível das tradições sagradas permeia os interesses humanos, e admira-se a atualidade eterna das soluções religiosas por entre o variar infinito dos tempos, das coisas, dos sistemas.

O vasto complexo das nossas crenças, científicas, morais, estéticas, teológicas, requer, na opinião do autor, um princípio de organização que as harmonize, explicando-as em comum. Dos três pontos de vista adotáveis para esse fim, o menos satisfatório, segundo Mr. Balfour, é o naturalista. O teísta leva-lhe vantagem. Mas só o cristão é completo, eficaz e salvador:

"Aqueles que anelam pela segurança de uma relação íntima e efetiva com a existência divina, que dela esperam vigor e conforto, não tardam em se convencer de que o progresso dos conhecimentos científicos torna cada vez mais difícil lograr esses benefícios com o simples auxílio do teísmo especulativo. Já não nos é fácil, nem tende a sê-lo, o sentimento de confiante dependência, vulgar entre as tribos primitivas, habituadas a se considerarem como objeto peculiar da solicitude dos seus deuses, e a suporem que estes residiam entre elas. Nós já não podemos participar desse antropomorfismo. Procuramos a Deus com a vista enfraquecida no estudo da natureza, o espírito fatigado por séculos de metafísica e a imaginação repleta de infinitas acumulações. Embalde o figuramos imanente na criação, e nos recusamos a ver nele uma entidade abstrata, deística ou panteística. A força e a regularidade irresistíveis dos grandes movimentos naturais vão-nos obliterando a impressão de uma Personalidade onipresente, profundamente interessada no bem espiritual do homem. Em vez de sobressair, ela parece ocultar-se na multidão dos fenômenos; e, à medida que nos enriquecemos no conhecimento destes, vai se retirando mais e mais de todas as relações sensíveis conosco para o ilimitável desconhecido. É então que a doutrina cristã nos vem salvar da influência transviadora dos nossos descobrimentos"[18].

---

[18] Balfour, Arthur James. *The foundations of belief*. Op. cit., p. 346. (N. do A.)

Nessa crença nos aponta o eminente pensador o único refúgio possível contra a ação ainda mais perversiva de outro fator natural: a indiferença da natureza à virtude, a iníqua distribuição da justiça na terra. Como conciliar a coexistência do mal com a onipotência divina? O papel aparente do primeiro na história humana resiste e resistirá sempre aos desmentidos mais lógicos da reflexão especulativa. Argumentos dessa ordem são abstratos em demasia para consolo do homem em geral e "até do filósofo em momentos de tribulação".

"Aos que, sob a violência da dor, ousam duvidar da bondade de Deus, que monta adverti-los de que essas dúvidas crestam a virtude pela raiz? A conclusão não os assusta. Quase que já chegaram a ela. Que vale, gemerão eles, a virtude, em um mundo onde sofrimentos como esses recaem indistintamente sobre justos e injustos? O que eles vêem é que estão sós e desamparados, vitimas de um poder surdo aos que imploram, cego aos que padecem, cuja força não se dobra, cuja crueldade não se abranda, cuja distância não se transpõe. Ponderai-lhes, com certos teólogos, que os seus infortúnios se explicam e justificam pela mácula original; assegurai-lhes, como certos filósofos, que, se eles compreendessem o mundo na sua complexidade, acabariam por descobrir nas suas próprias agonias um elemento necessário à harmonia do todo. Cuidarão que estais zombando. Seja qual for o merecimento de tais considerações, onde mais preciso seria o seu socorro é justamente onde menos aproveita. O de que se tem necessidade é de uma fé viva nas relações entre Deus e o homem, que não deixe lugar para o irreparável ressentimento contra a ordem providencial, despertada em nós pelo espetáculo da aflição imerecida. Essa fé é a dos que vividamente abraçam a forma cristã do teísmo; porque o Ente, que estes adoram, não traçou o plano do universo para o contemplar de longe, indiferente. Acaso não sofreu Ele também, por amor dos que sofrem? Se o sofrimento nem sempre toca aos maus, não era Ele inocente? Ousarão clamar que a ordem de um mundo não consulta a nossa conveniência, quando Ele, por nosso bem, se submeteu à mesma condição? Verdade seja que tais crenças não resolvem, na acepção estrita, as nossas dúvidas, nem nos proporcionam explicações. Mas alguma coisa de mais valia que explicações nos granjeiam essas crenças. Elas provêm, ou antes, a realidade trás elas existente provê a uma das nossas mais fundas necessidades morais, a uma necessidade que, longe de se mostrar declinante, parece crescer com a crescença da civilização, tornando-se ainda mais viva, à medida que vai passando a rudeza antiga dos tempos"[19].

Fecho aqui o livro de Mr. Balfour, esperando ter dito e transcrito dele quanto baste, para deixar entrever que poucas vezes um pensador subiu tanto no esforço de mostrar a interdependência das grandes verdades que a ciência, a moral e a religião entre si dividem. Bem ou malsucedido no seu ensaio de síntese, o autor, como crente e filósofo, se consola com um pensamento de suprema sabedoria, refletindo que "o que afinal sobrevive não são as nossas explicações, mas as coisas explicadas, não são as nossas teorias, mas as realidades que teorizamos"[20]. Alta expressão de humildade e tolerância, em que se refletem as águas profundas de longas meditações e vastas experiências.

Este livro, destinado a projetar em muitas almas raios penetrantes de paz, há de levantar em torno de si renhidos combates. Cabeço solitário nas imensidades tempestuosas do oceano, pode ser um marco no roteiro dos navegantes, ou um farol na noite dos mares. Mas há de revolver as ondas a seus pés. O prático, porém, não se amedrontará com esses rumores. Sua experiência nos segredos do pélago caprichoso lhe ensina a escutar nos bramidos da vaga contra a rocha a voz benfazeja de uma providência salvadora, e a buscar no perigo a orientação.

Várias e largas faces ele apresenta às investidas da crítica,

---

[19] Id., ibid., p. 354. (N. do A.)
[20] Id., ibid., p. 350. (N. do A.)

que nem de todas sairá rechaçada. Hão de negar-lhe a originalidade do plano, recordando que a tática de coroar a fé sobre os destroços da razão humilhada até ao pó data de mais de dois séculos, e atingiu nos *Pensamentos sobre a religião católica* do célebre solitário de Port-Royal[21] uma perfeição talvez irrivalizável.

Acusá-lo-ão de transpor os cânones elementares da lógica natural, fazendo das necessidades do homem o padrão verificativo da verdade. Dir-lhe-ão, ainda, que, ludíbrio da mesma ilusão, perspicazmente analisada no seu livro, pela qual a roupagem constante das mesmas fórmulas cobre sucessivamente, na história do espírito humano, as idéias mais diversas, as expressões da crença religiosa passam na apologia de Mr. Balfour por uma diminuição de substância interior, ao contato da ciência com que ele pretende congraçá-las.

Da última destas increpações não me resta espaço, nem me assiste competência para escrever. A mim não me parece que a fé se adelgace e dilua nas páginas desta obra. Minha impressão, pelo contrário, é a de uma notável decisão nos seus contornos e de uma aderência franca, nas suas teorias, à pureza da tradição cristã. Melhor, porém, do que eu poderão avaliar os que mais do que eu se acharem preparados para percorrer este livro, como convém percorrê-lo, racionando-o e sentindo-o.

Quanto a supor que este volume foi concebido como um tratado de descrédito contra a razão, nada se me afigura mais arbitrário. Pela minha parte não encontro nele o panegírico da soberania absoluta da autoridade, ao lado de cujos títulos o escritor estabelece admiravelmente os da filosofia. Essa espécie de ceticismo é demasiado superficial para uma inteligência da solidez, penetração e cultura que distinguem Mr. Balfour.

---

[21] Pascal. (N. do E.)

Discernindo na raiz de todas as nossas convicções o sentimento de uma relação entre o eu humano, a nossa existência interior, e o universo, de que formamos parte, ele não vai buscar essa correspondência "entre os elementos flutuantes do mundo individual e as verdades universais de um mundo invisível, mas entre esses característicos da nossa natureza, que são reconhecidamente *os mais eminentes*, conquanto não necessariamente os mais fortes, e *os melhores*, posto que nem sempre os mais generalizados". Tais característicos representam, não desejos, mas *necessidades*, necessidades não menos inevitáveis do que as que nos são comuns com as categorias subalternas e brutas da natureza. Concluir da existência dessas necessidades, na ordem moral, para a indispensabilidade da sua satisfação no plano do universo, não é menos rigorosamente lógico do que supor, na ordem científica, a existência real do mundo, para autorizar os juízos da nossa percepção. Assim desaparece a pretensa transposição lógica. Nem o autor advoga a sua interpretação do universo senão como "a menos irracional de quantas estão ao nosso alcance". E discorrer assim é honrar a razão; não é repudiá-la.

Como quer que seja, este volume é um acontecimento considerável, e a sua ressonância na esfera da opinião, como na das letras, pode-se calcular, não só pela messe extraordinária de admiração, pelos murmúrios de louvor, pela sensação geral de respeito que suscitou em todo o jornalismo insular, como pela urgência que os sistemas atacados sentiram em acudir à peleja. Não tem talvez um mês de publicidade o livro, e já Mr. Benjamin Kidd lhe responde, nas colunas da *National Review*[22], Mr. W. Steevens, na *New Review*[23] e Mr. Huxley, no *Nineteenth Century*[24].

---

[22] "Mr. Balfour's Foundations of belief". Março, 1895, pp. 35-47. (N. do A.)
[23] "Mr. Balfour's philosophy". Março, 1895, pp. 301-311. (N. do A.)
[24] "Mr. Balfour's attack on agnosticism". Março, 1895, pp. 527-540. (N. do A.)

Pelas raras qualidades literárias e pela excepcional capacidade científica de Mr. Huxley, se pode avaliar o brilho desta réplica, a sua dialética, a sua incisão, a sua vivacidade. Mas o grande biologista não entrou na arena sem render homenagem primeiro "às maravilhas do escudo, ao peso da lança e à têmpera da espada de Aquiles"[25]. "Mui ciente e sagaz será o leitor", diz ele, "que não ache muito onde se instruir nos *Fundamentos da fé*".

Para mim, juiz aliás incompetentíssimo, este livro tem o encanto insinuante, não só da mão-de-obra de um artista consumado, como da inspiração de um pensador, em cuja escola a filosofia despe a sua soberba, a metafísica a sua argúcia, a teologia o seu dogmatismo, a ciência a sua incredulidade. Ele responde como uma forte voz interior à situação atual do meu espírito. Mas o público, com o qual tenho poucas tendências a me confessar, nada tem com isso. O que me induz a lhe talhar tão largo espaço nesta série de estudos é que este volume representa, por assim dizer, um importante fato social de que é um entre muitos outros sintomas. Não é apenas uma curiosidade, como houve quem dissesse, "o encontrar-se em um grande estadista, no auge da vida política, um dos maiores dentre os pensadores que estão moldando os hábitos intelectuais do pensamento e da fé" neste país.

A existência moral desta nação continua a estar associada, no espírito dos seus maiores homens, às crenças que presidiram ao berço das suas instituições e animaram os grandes movimentos da sua história. Não é somente entre os estadistas conservadores que se assinala esse pendor. Gladstone sobressai ainda mais extremado na devoção cristã do que Lorde Salisbury. Este, não há muitos meses, deixando a cadeira de Chanceler da Universidade de Oxford, para assumir a de Presidente da British Association, e inaugurando nesse caráter a sessão

---

[25] Id., ibid., p. 531. (N. do A.)

ânua dessa assembléia universal de sábios, concluía a oração mais maravilhosa que dali já se proferiu talvez, selando a história da teoria da evolução com o mesmo ato de fé no criador que daquele mesmo posto, há vinte anos, proferira Lorde Kelvin, o maior mestre vivo das ciências positivas neste país[26]. O outro, diametralmente oposto a ele no terreno político, apóstolo da causa irlandesa e da separação entre a Igreja e o Estado, é o mais fervoroso panegirista do cristianismo entre os estadistas ingleses, o autor da *Rocha inexpugnável da Escritura Sagrada*[27], a quem ainda agora se deve a introdução apologética a uma edição popular da Bíblia, publicada nos Estados Unidos[28].

Crenças que se acham deste modo embebidas no sentimento moral e na cultura política da raça mais forte, mais reprodutiva, mais povoadora e mais livre da terra não se pode admitir que estejam descambando para o crepúsculo, ou que contrariem o progresso, e sejam inimigas da liberdade. Vede o que tem dado a outras a filosofia francesa do século passado e essa meia ciência, fórmula embrionária da selvageria moderna, mãe fatal das negações suicidas que assombram com as suas loucuras a nossa época. E, se quereis, no campo de uma dolorosa miniatura, palpar o vosso próprio coração, considerai na rapidez instantânea com que pode barbarizar-se um povo benigno, pacífico e tolerante, quando a sua sorte acerta de cair nas mãos de uma seita em cujo calendário os déspotas são benfeitores da humanidade[29].

---

[26] *The Times*, 9 de agosto de 1894, p. 6. (N. do A.)

[27] Gladstone, William Ewart. *The impregnable rock of the Holy Scripture*. (N. do A.)

[28] *The Times*, 13 de fevereiro de 1895. (N. do A.)

[29] Esta carta é dos primeiros dias de março, 1895. (N. do A.)

Outros Textos

(Coletânea)

I

Que é a política[1]

As palavras com que acabais de receber o meu discurso parece envolverem uma censura, que não posso, que não devo consentir fique sem resposta imediata, visto como censura tal, se é que a houve, não na mereci. Tenho envelhecido na vida parlamentar, onde me acho há não menos de vinte e cinco anos. Cabe-me a honra de presidir ao Senado em meu país, no qual as instituições parlamentares numeram mais de sessenta anos de existência. Devo, pois, conhecer meu tanto ou quanto os deveres da tribuna em assembléias deliberativas, e seria incapaz de os postergar.

Realmente, que fiz eu? Quis alçar a matéria posta em questão um pouco acima das suas miudezas, encarando-a no seu aspecto geral, a saber, no seu espírito de pacificação e no de civilização da guerra, que cumpre inspirarem e guiarem os nossos trabalhos. Visto isso, invoquei a opinião, segundo a qual, há ou identidade, ou, quando menos, convizinhança entre o uso de navios mercantes como vasos de guerra, quer se opere mediante simples transformação, quer empreguemos frotas

---

[1] Discurso de Rui Barbosa na Segunda Conferência da Paz, em Haia, em 1907, respondendo, de improviso, a Frederico Martens, representante da Rússia e presidente daquela sessão. (N. do E.)

voluntárias, entre esse uso, que diligenciamos regular, e o corso, abolido há muito.

Por justificar a minha tese, apelei para nomes irrecusáveis, como Phillimore, Bluntschli, Hall, Funck-Brentano, e fiz menção de acontecimentos históricos, discutidos nas obras de direito internacional, tais como o ato do governo de Berlim durante a guerra franco-prussiana, chamando-vos a atenção para o sentir desses autores a tal respeito. Em tudo isso era meu intento, e eu próprio vo-lo disse, espertar em vós bem viva a impressão da delicadeza do assunto, e advertir-vos dos seus perigos, se nos não premuníssemos de todas as cautelas, a fim de que não vamos parar, debaixo de outro nome, na restauração do corso.

Fazendo-vos essas considerações, pisava eu, acaso, em terreno defeso? Evidentemente não. Ao contrário, elas deviam constituir, necessariamente, a fase inicial deste debate, visto que, para sabermos como nos haver quanto às particularidades da questão, força era conhecer primeiro a natureza, a índole e os efeitos da instituição, que se tenta implantar.

Verdade é que aludi à política, incidentemente, mui incidentemente, e isso precisamente por acentuar que ela nos era vedada. Haveis de o verificar, com a autenticidade mais absoluta, no texto do meu discurso, que será dado a público pelos senhores secretários, sem revisão minha. Seria, pois, justo acolher o meu discurso, como o acolheram, com a solene advertência de que a política nos é matéria proibida, como se eu acabasse de transgredir essa regra?

Desde que a enunciais, porém, Sr. Presidente, nos termos categóricos, em que vo-la acabamos de ouvir, necessário é que a examinemos. Será ela exata? Será ela real, na extensão que se lhe quer atribuir? Não, Sr. Presidente. Certo que a política não é da nossa alçada. Não podemos fazer política. A política não é o objeto do nosso programa. Mas lograríamos nós executá-lo, se nos julgássemos adstritos a levantar muralha entre nós e a política, entendida esta, como havemos de entender aqui, no sentido geral, no sentido superior, no sentido neutro do vocábulo? Não, senhores.

Não nos esquecemos de que Sua Majestade o Imperador da Rússia, no seu ato convocatório da Conferência da Paz, expungiu formalmente do nosso programa as questões políticas. Mas essa interdição, obviamente, só visara a política militante, a política de ação e combate, a que revolve, agita e desune os povos nas suas relações internas ou nas suas relações internacionais: nunca a política encarada como ciência, a política estudada como história, a política explorada como regra moral. Porquanto, desde o momento em que se cogita de elaborar leis, domésticas, ou internacionais, para as nações, o que antes de mais nada releva inquirir, no que respeita a cada projeto, é a possibilidade, a necessidade, a utilidade do alvitre, diante da tradição, do estado atual dos sentimentos, das idéias e dos interesses, que animam os povos, que senhoreiam os governos. Ora bem: que é senão política isso tudo?

A política no significado mais vulgar da palavra, essa, ninguém o contesta, nos é defesa em absoluto. Não temos nada que entender, nos problemas intestinos dos Estados, ou nos seus problemas internacionais, com as diferenças que indispõem entre si as nações, com os litígios de amor-próprio, de ambição, ou de honra, com as pretensões de influência, equilíbrio ou predomínio, com as questões, em suma, que levam ao conflito e à guerra. Eis a política proibida.

Mas na outra, na grande acepção do termo, a mais elevada, e nem por isso a menos prática, nessa acepção que olha aos supremos interesses das nações umas a respeito das outras, considerada nessa acepção a política, acaso no-la poderiam tolher? Não, senhores. A prova, querei-la?

Porventura quando a Rússia contemplava a redução dos armamentos no programa da primeira Conferência, porventura quando o governo do Czar fazia desta só idéia o objeto do programa primitivo da Conferência de 1899, porventura quando outras potências agora anunciavam propor-lhe a inclusão no programa da Conferência atual, não nos convidavam a entrar fundo na política?

Não há nada mais eminentemente político, debaixo do

céu, que a soberania. Não há nada mais resolutamente político, senhores, que pretender-lhe traçar limites. Não será, portanto, política da mais declarada e franca, o que estais fazendo, quando procurais alçar, com o arbitramento obrigatório, uma barreira ao arbítrio das soberanias? Essas entidades absolutamente políticas, as soberanias, cujos representantes sois nesta Conferência, iriam abdicar parte da sua independência nativa nas mãos de um tribunal, obrigando-se a lhe submeter certas categorias de pleitos entre Estados soberanos. Haverá nada mais caracteristicamente político, senhores?

Atentai agora em outros assuntos pendentes de exame nesta comissão. Quando se pesa a extinção ou a mantença do corso, a permanência ou a supressão do direito de captura, para se optar entre as duas alternativas; quando se confrontam as pretensões dos beligerantes e dos neutros, a fim de as harmonizar, ou excluir; quando se decide, como teremos que decidir em certos casos, entre a faculdade de recorrer à guerra e o dever de evitar, serão pontos de mero direito esses que nos ocupamos em dirimir? Não é, pelo contrário, política internacional, o que estamos a fazer?

Demais disso, em quanto aqui vamos deliberando, senhores, no que adotamos, no que recusamos, no que transigimos, não temos constantemente atrás de nós a política de nossos países, a política de nossos governos, como causa, inspiração, motor dos nossos atos?

Quer-se deveras fugir aqui da política? Mas, meu Deus! é pagarmo-nos de nomes; é não discernirmos a realidade. A política é a atmosfera dos Estados. A política é a região do direito internacional. De onde emana todo ele, senão da política? São as revoluções, são as guerras, são os tratados de paz que elaboram lentamente esse grande corpo dos direitos das nações. De onde procede ele, o direito internacional moderno? Primeiro, dessa revolução americana, que precedeu à francesa, e donde se viu assomar, depois dos Estados Unidos, a América inteira, livre dos vínculos coloniais. Depois, dessa revolução francesa, que fundiu todo o mundo contemporâneo em novos moldes.

Ainda após, dessa potência, liberal e criadora, da Grã-Bretanha, com o seu ascendente sobre o regímen dos mares, os atos dos congressos, o desenvolvimento da colonização remota. Afinal, dos movimentos democráticos, revolucionários, sociais, militares do século XIX, as guerras do império, a unificação das grandes nacionalidades, a entrada em cena do Extrema Oriente. E bem: aí tendes a política, aí tendes direito internacional. Como, portanto, separá-los?

A política é que transformou o direito privado, revolucionou o direito penal, instituiu o direito constitucional, criou o direito internacional. É o próprio viver dos povos, é a força ou o direito, é a civilização ou a barbaria, é a guerra ou a paz. Como, pois, subtraí-la a uma assembléia de homens livres, congregados ao começar do século XX, para imprimirem a forma convencional ao direito das nações? Como, se esse direito e a política, um com o outro se confundem? Talvez só por constituirmos aqui apenas uma assembléia diplomática? Mas a diplomacia outra coisa não é que a política, sob a mais delicada, a mais fina, a mais elegante das suas formas.

Aí está por que, senhores, me vejo obrigado a concluir, por fim de contas, que cortar-nos de todo em todo o contato com a política seria ditar-nos o impossível, e o que então se nos impediria era o próprio uso da palavra. Não nos metam medo os vocábulos: interpretemo-los com os fatos, e confessemos a boa realidade, que se impõe com a sua evidência irresistível.

II

A política e a calúnia[1]

O orgulho, a maledicência, a cobiça podem forjar incessantemente no metal dos nossos interesses as suas armaduras mais rijas, mais luzentes, mais artísticas; os corações da multidão humana, adoradora da vitória, podem embevecer-se nos espetáculos da ferocidade e do egoísmo, como os deuses de Homero nos emblemas triunfantes do escudo de Aquiles, cinzelado pelo filho de Zeus; mas, à vossa aparição, caridade soberana, a um sorriso da vossa humildade, os mais duros, os céticos, os mais glaciais sentem que os homens não nasceram para a inimizade, que o mundo não pertence à violência, que a bondade é a mais dominadora de todas as forças. A boca de ouro dos Crisóstomos, a unção dos grandes pregadores são incapazes de exprimir-te. O Evangelho mesmo, na sua singeleza sobrenatural, não te refletiria, se o Evangelho não terminasse no Calvário: um mártir divino morrendo, sem um soluço de queixa, pelos homens que o crucificavam.

Não sei se haverá, neste auditório, quem sorria de semelhante linguagem nos meus lábios. A política semeia, há quase duas décadas, contra mim, a mais malévola reputação de

---

[1] Conferência de 22 de fevereiro de 1893, proferida em favor das órfãs do Asilo de Nossa Senhora de Lourdes, em Feira de Santana (BA). (N. do E.)

impiedade, materialismo, ateísmo. A política? Não. A calúnia, a velha barregã posta ao serviço de todas as causas pudendas, a comadre imemorial da improbidade e da inveja, a sórdida alcoveta das torpezas do histerismo dos partidos, a ladra concubinária do jornalismo trapeiro, a sinistra envenenadora da honra dos estadistas e dos povos. Há quase vinte anos que ela me segue a pista, me profana o lar, me revolve o coração, me conta, por assim dizer, as pulsações, para as converter noutros tantos delitos.

Não lhe escapou o próprio leito mortuário de meu pai, cujos dedos ainda sinto entre os meus cabelos, nos carinhos com que me abençoava na hora derradeira, afagando-os; cujas mãos se apertaram às minhas, ao exalar o último suspiro; cuja memória recebeu de mim o culto de doze anos de trabalho, consagrados à sua honra. Quando o Governo Provisório coroou a revolução com o decreto, que veio promulgar a liberdade religiosa, o burburinho das invenções ineptas, divulgadas por essa influência perversa, emprestava-me, entre as classes menos cultas, mais numerosas, mais ingênuas, a intenção de descorar as imagens nos altares, de reduzir o culto à nudez, roubando-lhe as insígnias veneradas pelos fiéis.

Liberdade[1]

Liberdade! Entre tantos, que te trazem na boca, sem te sentirem no coração, eu posso dar testemunho da tua identidade, definir a expressão do teu nome, vingar a pureza do teu evangelho; porque, no fundo de minha consciência, eu te vejo incessantemente como estrela no fundo obscuro do espaço. Nunca te desconheci, nem te trairei nunca; porque a natureza impregnou dos teus elementos a substância do meu ser, Teu instinto derivou para ele das origens tenebrosas da vida no temperamento inflexível de meu pai; entre as mais belas tradições da tua austeridade oscilou o meu berço; minha juventude embebeu-se na corrente mais cristalina da tua verdade; a pena das minhas lides aparou-se no fio penetrante do teu amor, e nunca se imbuiu num sofisma, ou se dissimulou num subterfúgio, para advogar uma causa, que te não honrasse. De posto em posto, a minha ascensão na vida pública se graduou invariavelmente pela das tuas conquistas; as vicissitudes da minha carreira acompanharam o diagrama das alternativas do teu curso; contra os dois partidos, que dividiam o império, lutei pela tua realidade sempre desmentida; renunciei por ti às

---

[1] Conferência proferida em 26 de maio de 1897, quando Rui Barbosa visitou a Bahia após sua reeleição ao Senado Federal. (N. do E.)

galas do poder, suspiradas por tantos, com que ele me acenou; sozinho, sem chefes, nem soldados, tive por ti a fé, que transpõe montanhas; ousei pôr na funda de jornalista pequenino a pedra, de que zombam os gigantes; aos ouvidos do velho rei, sacrificado pela família, pela corte, pelas facções, vibrei nos teus acentos o segredo da sua salvação e a profecia da sua ruína; na república saudei a esperança do teu reinado; quando a república principiou a desgarrar do teu rumo, enchi do teu clamor a imprensa, o parlamento, os tribunais; e, porque eu quisera fundar assim uma escola, onde te sentasses, para ensinar aos nossos compatriotas o exercício viril do direito, ouvi ressoarem-me no encalço, convertidos em grita de perseguição, os cantos heróicos de civismo extraídos outrora do bronze da tua égide pelos que combatiam a monarquia à sombra da tua bandeira.

Enquanto a fascinação do teu prestígio podia ser útil a uma deslocação do poder, tua áurea lenda foi o estribilho dos entusiastas, dos ambiciosos e dos iludidos. Mas assim que a vitória obtida sob a tua invocação entrou a ver na tua severidade o limite aos seus caprichos, um culto novo, armado de anátemas contra os espíritos incorruptíveis no teu serviço, começou a contrapor-te as imagens da república e da pátria, dantes associadas à tua, e dela inseparáveis. Eu não podia aceitar o paradoxo e o artifício dessa substituição; porque tu és o centro do sistema, onde ambas essas idéias alongam as suas órbitas, e, no dia em que te apagasses, ou desaparecesses do universo moral, a que presides, incalculáveis perturbações transtornariam a ordem das esferas políticas, abismando a pátria e a república no eclipse de uma noite indefinida.

Dos que deveras te amam, e entendem, nem a república, nem a pátria podem receber detrimento; porque tu és para uma e para outra a maior das necessidades, o primeiro dos bens, a mais segura das garantias. Só entre os que te não trocam por outros interesses a pátria encontrará um dia os capazes de reerguê-la; e, se a república animar a expansão da tua seiva, deixando frondescer ao largo a piedade das tuas ramas, as últimas sementes do outro regímen mirrarão e morrerão à sombra da tua indiferença.

A democracia, que te nega, ou te cerceia, engoda os povos com o chamariz de uma soberania falsa, cujo destino acaba sempre às mãos das facções, ou dos aventureiros, que a exploram. Senhoras de si mesmas, na acepção verdadeira da palavra, são unicamente as nações, que te praticam sem óbices, nem reservas; pois só onde a unidade humana for livre, a coletividade humana pode ser consciente. Os que falam nas tuas demasias esquecem que não te poderás desregrar, senão quando fores impura, ou não sejas completa, e, onde te observarem por igual no desenvolvimento simultâneo de todos, não há meio de contrariares o de ninguém.

Aí está por que eu te advoguei para a consciência e para a palavra, para o ensino e para o culto, para a imprensa e para o *meeting*, para a opinião e para o voto, e, depois de ter lidado com os que te deram ao negro, entendendo que os emancipadores necessitavam de ser emancipados, expus-me à revolução, quando nos negaram a reforma, certo de que as instituições, em que te encarnamos, inaugurariam entre nós uma era de sinceridade.

É tempo de vires animá-las; ó liberdade tantas vezes abandonada pelas criaturas da tua propaganda, pelos pequeninos, que fizeste magnates, pelos desvalidos, que elevaste a onipotentes.

Teu nome é como o do povo: vencedor sempre na batalha, preterido quase sempre nos despojos. Na hora das grandes reivindicações triunfa irresistível a harmonia das tuas promessas, como o peã grego, o hino da vitória infalível. Mas não raro os teus apóstolos assumem no outro dia a tua tutela, e os crimes contra ti concebidos passam a perpetrar-se em teu nome. A ordem, a autoridade, a razão de Estado entram desde logo a habitar a boca dos teus antigos confessores, como se a razão de Estado não fosse a velha meretriz do despotismo, e a autoridade, ou a ordem, pudesse ter bases mais estáveis que a observância estrita dos teus mandamentos. Os tons podem variar, mas a gama é a mesma: autoridade, ordem, patriotismo, povo, democracia, república, liberdade, tudo são modulações do mesmo motivo, o poder: poder em aspiração, poder em gozo, ou poder em saudade.

Mas tu não és a escada para o poder: és, nas sociedades adiantadas, o elemento sagrado, que o limita. Não te chamas dominação: chamas-te igualdade, tolerância, justiça. Não te entregas em monopólio a um predestinado, a uma religião, a uma parcialidade, a um sistema: existes uniformemente para todos, eliminadora do mal, fonte igual de luz, calor e prosperidade para o bem.

Só te compreendem os que te não recusam aos seus adversários; porque tu és a discussão, a luta das inteligências, o combate das idéias. Nenhuma opinião, nenhuma política, nenhuma invenção humana é privilegiada contra ti: sobre todas entornas imparcialmente os teus raios, a cujo clarão o erro se descobre, e prevalece a verdade. Teu influxo decompõe as criações efêmeras, e cristaliza as divinas.

Muitos séculos te rejeitaram em nome da fé religiosa, até que acima de todos os dogmas a humanidade pusesse o teu dogma, não como a negação de Deus, mas como a sua confissão mais sublime. Tremendos sofrimentos atravessou o homem, primeiro que te enxergasse nesta evidência, percebendo a impotência dos cultos fabricados na terra, para concorrer com o que encerrasse a expressão da eternidade. Destronizada, porém, a intolerância religiosa, querem agora desmentir-te, assentando no mesmo sólio a intolerância civil. Os que adquiriram o direito de afirmar que Deus é o mal perderam o de dizer que a república não presta. Mas é preciso não ter colhido os rudimentos da tua experiência, para não saber que o regímen, cujo princípio não se discute, é um regímen pela sua própria desconfiança condenado à antipatia, ao descrédito e à morte. Uma constituição indiscutível é, perante a lição da tua experiência, uma constituição caduca, gerada na decrepidez, condenada de nascença à senilidade.

Só por ti se discriminam autenticamente os regimens. Tua

presença faz as repúblicas, dando-lhes o governo da opinião, fórmula necessária da realidade republicana. Tua ausência as infama, as desmascara, as arruína, insurgindo contra elas as tuas forças, as maiores que a nossa natureza conhece, as que revolvem até o fundo a alma humana, as que levantam, ao grito da consciência, as pedras das calçadas, as que fazem pairar sobre as revoluções o espírito de Deus.

Ai dos que põem as mãos na tua arca, ó liberdade, que ergues as nações, e abates os impérios! As democracias que atentam contra a tua majestade perecerão na tirania dos Césares, ou na anarquia das ruas. Onde tu decais, ou te somem, não tarda em te seguir na desestima e na extinção o governo do povo pelo povo. Toda maioria, que te comprime nos indivíduos, ou nas minorias, pronuncia a condenação de si mesma; porque o princípio das maiorias é um princípio de evolução e rotação, em que alternativamente as maiorias se decompõem em minorias, e as minorias se dilatam a maiorias. É graças a essa atividade contínua das tuas correntes na formação da vontade popular que as democracias se depuram, esclarecem e legitimam. Porque nada seria menos tolerável à dignidade humana, mais contrário à natureza moral da autoridade e da obediência, do que a supremacia do número, se tu não suscitasses as vocações, para o iluminarem, as virtudes, para o converterem, as capacidades, para o reprimirem. Em lhe faltando essa abóbada estrelada, onde rutilam as superioridades, esses confins, que limitam a força, esse paradeiro, de onde os instintos refluem, coibidos pela razão, a sorte dos Estados entraria na zona das catástrofes, onde, extintos os teus signos e os teus faróis, rola a vaga negra da loucura coletiva, sucedendo ao povo, com a sua inteligência, a sua generosidade e a sua grandeza, "a calamidade terrível" do trágico grego, a tirania das multidões.

Quando ela espuma convulsiva nas praças de uma cidade, imagina ter empunhado o cetro de um país; e os que não têm crenças, ou gastaram o caráter no atrito dos interesses, desertam espavoridos a tua milícia, para agregar o falsete da sua pusilanimidade aos bramidos da catástrofe desencadeada. Ela passará, como todos os fenômenos da desordem. As procelas, as trombas, os ciclones devastam, mas não duram. O que não passa é o oceano das verdades eternas, indiferente ao rugir das paixões contemporâneas, e por sobre ele a imensidade sidérea das almas, que és tu, ó liberdade.

Com a fronte banhada na claridade que derramas sobre o curso dos tempos, o historiador, que se debruçar para a crônica das misérias do passado, terá muitas vezes repugnância em memorar entre os mais desnobres espécimens da degenerescência no homem civilizado os panegíricos da demagogia aos crimes cometidos contra ti pelo delírio anônimo das ruas. Querem santificá-los essas desprezíveis apologias, indo buscar-lhes a origem na indignação, que inspira ações grandes, ou no entusiasmo, que move os heróis, e transfigura divinamente os povos. Por essas vociferações passa amiúde a tua evocação profanada. De quando em quando na eloqüência dessas cumplicidades se estorce, glorificada, com as tuas palmas, a alucinação rubra de uma espécie de Cáli indiana. Mas tu não és a musa do sangue, ó liberdade; tu és o gênio da paz.

A abafadiça magnificência das civilizações sem ideal não te entreviu. Nasceste quando a inteligência principiou a devassar o infinito, no espírito dos que resgatavam com o ostracismo, ou a cicuta, o amor da verdade e a independência da razão contra o Estado. Na Helênia se deu um dia a medida do teu valor, quando os embaixadores de Atenas, quatro séculos antes de Cristo, afirmavam a Esparta que os atenienses não negociariam a liberdade, para salvar o território. Mas uma organização, que dividia os homens, perante o direito, em gregos e bárbaros, em cidadãos e hilotas, não podia resolver a tua incógnita. Foi a cruz do Nazareno que decifrou o teu mistério, levantando-te num pedestal, que as maiores revoluções não combaliram, nem hão de combalir. Quando a justiça de César e a justiça do povo supliciaram entre dois malfeitores a divindade, que as nações civilizadas adoram há mil e novecentos anos, o homem viu que o arbítrio de matar e a autoridade de oprimir acabam logicamente no deicídio. Desde esse exemplo tremendo, todo aquele que te maltratar, perseguindo uma opinião, ou derramando o sangue a um semeador de idéias, comete debaixo do céu o sumo sacrilégio. O homem, que é o erro em procura da verdade, não pode traçar a divisória entre a verdade e o erro; e por isso, em todo pensador, em todo apóstolo, em todo reformador, em todo heterodoxo, há alguma coisa, que os poderes da terra não têm meios de saber se é humana ou divina. A maior vítima das maiorias políticas foi o Deus crucificado. E aqui está por que a imagem da sua paixão é a tua própria imagem. Entre os braços daquele patíbulo tu e a verdade sofrestes juntamente, e com a verdade ressurgistes dos mortos. Porque tu não és a verdade; mas, se a verdade pode entrever-se da terra, é pelos horizontes que tu nos abres.

IV

A justiça e a lei[1]

Quando Guilherme I de Inglaterra, depois de atravessar a Normandia, talando as searas, arrancando os vinhedos, cortando os pomares, incendiando vilas e cidades, caiu mal-ferido nas ruas de Nantes, abrasada em chamas, exalando o último alento no mosteiro de Saint-Gervais, o cadáver do rei, abandonado pela nobreza e pelo clero, no meio das cenas de pilhagem que se seguiram, só em um fidalgo normando encontrara mãos piedosas, que o transportaram para a abadia de Saint-Étienne, erigida pelo morto em Caen, onde, ainda hoje, lhe dormem os restos debaixo de uma lápide negra.

Mas, antes de se recolher à derradeira jazida, quando lhe abriam, entre o coro e o altar, a cova, aonde ia baixar o féretro do conquistador, um caso estranho e insólito deteve a santa cerimônia, enchendo os circunstantes de assombro. Da turba dos fiéis saíra à frente um homem, ouvindo-se-lhe da boca o brado legal de apelo à justiça e à lei, *haro!*, o *Aqui d'el-rei* daqueles tempos e terras, contra o ato que se estava a consumar.

---

[1] "A justiça", conferência escrita originalmente por Rui Barbosa como discurso de sua candidatura à sucessão de Hermes da Fonseca na presidência da República, da qual, porém, desistiu. Foi publicada, em partes, nos jornais *O Imparcial* e *Correio da Manhã*, de 28 e 29 de fevereiro de 1914. (N. do E.)

Tomados, assim, de sobressalto, quedaram todos, encarando no intruso. Era Ascelino, filho de Artur, modesto sujeito, cujo nome esse rasgo imortalizou.

"Clérigos e bispos!", clamou o desassombrado cavalheiro, "o chão em que estais era o sítio da casa de meu pai. O homem por quem fazeis preces no-lo tomou à força, quando simples Duque de Normandia, e, com afronta de toda a justiça, por um ato de poderio tirânico, aqui fundou esta abadia. Eu não o vendi, não o empenhei, também o não perdi por sentenças, nem lho dei. Reclamo, pois, este terreno, demando a sua restituição, e, em nome de Deus, proíbo que o corpo do esbulhador se cubra com a gleba da minha propriedade, que durma na herança os meus".

Estas palavras, ditas em tom de se ouvirem, todos os presentes as escutaram, e o monge Ordericus Vitalis, contemporâneo desses sucessos, as recolheu com escrúpulo na sua *História eclesiástica da Inglaterra e da Normandia*.

Os assistentes conheciam o interruptor, sabiam do fato, e apoiaram com o seu testemunho os embargos do prejudicado, enquanto o ataúde régio aguardava a decisão do litígio, instaurado com tão desusada estranheza à beira daquela sepultura. Primeiro que ela recebesse o seu hóspede, foi mister que os prelados embolsassem ao dono da terra o valor do sítio ocupado pelo jazigo, e se avençassem com o proprietário quanto à soma da indenidade do solo, onde se construira o templo. Só então levantou o pleiteante o seu impedimento, e o corpo do soberano desceu ao sarcófago, que o esperava.

A lei[1]

O povo ama a paz e a família, a segurança e a liberdade, a inteligência e a justiça. O povo é o amigo fiel dos que discutem e produzem a luz, dos que pugnam pela humildade dos fracos, dos que arrostam a soberbia dos prepotentes. O povo vive de persuasão e esperança, benignidade e trabalho. Não é do seu seio que sai a *Mão Negra* das desforras anônimas. Não é ao seu lar que se abraçam os premiados da delação e da cobardia. Não é sob o seu teto que se licenceia a vaia pública, a prostituta das arruaças pusilânimes, embriagada no licor das sarjetas. Quando a marafona dos dias de terror cruza a capa das suas aventuras, e vai esganiçar a voz avinhada à porta dos jornais, todos nós sabemos de onde saiu a mensageira do medo imbecil. Ninguém te toma pelo povo, ó michela privilegiada das orgias ao relento. Só os que não ouviram o leão e a hiena poderiam confundir o cainhar dos teus latidos com a voz da consciência nacional. A expressão dela, a defesa da república, está nas suas leis, que é indispensavelmente preciso observar, ainda quando forem o abrigo dos seus inimigos.

Quando as leis cessam de proteger os nossos adversários, virtualmente cessam de proteger-nos. Porque a característica da

---

[1] Conferência proferida em 26 de maio de 1897, em Salvador. (N. do E.)

lei está no amparar a fraqueza contra a força, a minoria contra a maioria, o direito contra o interesse, o princípio contra a ocasião. A lei desapareceu, logo que dela dispõe a ocasião, o interesse, a maioria, ou a força. Mas, se há, sobre todos, um regímen, onde a lei não pode ser vicissitudinária, onde nenhuma conveniência pode abrir-lhe exceção à estabilidade, à impersonalidade, à imparcialidade, é o republicano. A república é a lei em ação. Fora da lei, pois, a república está morta.

Quando as facções pretendem suspender a lei por amor das instituições republicanas, o seu sentimento é trocar as instituições republicanas em puro domínio das facções.

VI

Igualdade perante a lei[1]

Todos são iguais perante a lei. Assim no-lo afirma, no parágrafo seguinte, esse artigo constitucional.

Vede, porém, como os fatos respondem à Constituição. Na Grã-Bretanha, sob a coroa de Jorge V, o arquiduque herdeiro da coroa d'Áustria é detido na rua e conduzido à polícia como contraventor da lei, por haver o seu automóvel excedido a velocidade regulamentar. As mesmas normas se observavam no Brasil, sob o cetro de D. Pedro II, quando o carro do imperador era multado, por atravessar uma rua defesa. Num e noutro caso a lei é igual para todos: todos são iguais ante a lei.

Mas no Brasil destes dias, debaixo do bastão do Marechal Hermes, o seu secretário, por duas vezes, quando um guarda civil lhe acena ao motorista com o sinal de aguardar, enquanto se dá passagem a outros carros, apeia irriminado, toma contas ao agente da lei, nota-lhe o nome, e imediatamente o manda punir com a demissão. Noutra ocasião é um general do Exército que salta, iracundo e decomposto, do veículo, ameaçando com o seu revólver o policial que ousou exigir do automóvel menor celeridade na carreira.

---

[1] Discurso que Rui Barbosa pronunciaria em Belo Horizonte se tivesse saído candidato à sucessão de Hermes da Fonseca. (N. do E.)

Esses exemplos, da mais alta procedência, verificados e registrados pelos jornais, na metrópole brasileira, desmascaram a impostura da igualdade entre nós, e mostram que valor têm, para os homens da mais eminente categoria, entre as influências atuais, como para os que mais perto estão do chefe do Estado, as promessas da Constituição. Essas potências, no seu insofrimento dos freios da legalidade, nem ao menos evitam os escândalos da rua pública, ou observam a compostura ordinária da boa educação. É uma selvageria que nem o verniz suporta do mais leve decoro.

VII

A justiça e o Estado[1]

D izer bem da justiça muito tempo há que se não pode, senhores, sem repetir o que mil vezes já se tem dito; porque não há nada mais antigo do que os seus louvores, como nada, a despeito deles, mais repetido que o seu esquecimento, ou o seu desprezo.

Era Platão quem dizia no seu *Críton*: "Pensas que possa existir um Estado sem leis, ou que as leis não sejam destruídas e aniquiladas, quando os julgados não têm força, quando cada qual as pode violar, subtraindo-se-lhes à execução?" Há cerca de vinte e quatro séculos que isto ensinava o filho de Ariston, e, obra de dois mil e quatrocentos anos depois, se com esse critério quisermos avaliar certas democracias, como a nossa, acharemos que os seus governos ainda se não embeberam destas milenárias vulgaridades, ainda se não convenceram de que a justiça é a essência do Estado.

---

[1] Uma parte da conferência "A justiça". Cf., aqui, a nota ao discurso "A justiça e a lei". (N. do E.)

VIII

A privação da justiça[1]

Não há sofrimento mais confrangente que o da privação da justiça. As crianças a trazem no coração com os primeiros instintos da humanidade, e, se lhes magoam essa fibra melindrosa, muitas vezes nunca mais o esquecem, ainda que a mão, cuja aspereza as lastimou, seja a do pai extremoso, ou a da mãe idolatrada. Esses ressentimentos sobre os quais se retraem, como em derredor de um espinho enquistado nos tecidos mais sensíveis d'alma, as impressões decisivas da vida, podem atravessar uma existência inteira.

"Um dia", conta o astrônomo Flammarion, "um dia me obrigou meu pai a estender a mão, para apanhar algumas reguadas. Acreditava ele haver eu quebrado uma caçarola de barro, e eu lhe insistia em que não. Estava eu, a esse tempo, nos meus sete ou oito anos. Fendido e estragado se achava, realmente, o vaso, de belo esmalte verde; mas não era minha a culpa. Assim, recebi a correção com um sentimento de tal azedume concentrado, que nunca o esqueci, e, mais de quarenta anos depois, esse memorável quadro infantil se me representou aos olhos junto ao leito de agonia de meu pai. Os meninos

---
[1] Uma parte da conferência "A justiça". Cf., aqui, a nota ao discurso "A justiça e a lei". (N. do E.)

são, antes de tudo", acrescenta o sábio, "perfeitamente justos, quanto a si mesmos e aos outros. Aliás também os animais o costumam ser".

IX

A lei de Caim[1]

A lei de Caim é a lei do fratricídio. A lei do fratricídio é a lei da guerra. A lei da guerra é a lei da força. A lei da força é a lei da insídia, a lei do assalto, a lei da pilhagem, a lei da bestialidade. Lei que nega a noção de todas as leis, lei de inconsciência, que autoriza a perfídia, consagra a brutalidade, agaloa a insolência, eterniza o ódio, premeia o roubo, coroa a matança, organiza a devastação, semeia a barbaria, assenta o direito, a sociedade, o Estado no princípio da opressão, na onipotência do mal. Lei de anarquia, que se opõe à essência de toda a legalidade substituindo a regra pelo arbítrio, a ordem pela violência, a autoridade pela tirania, o título jurídico pela extorsão armada. Lei animal, que se insurge contra a existência de toda a humanidade, ensinando o homicídio, propagando a crueza, destruindo lares, bombardeando templos, envolvendo na chacina universal velhos, mulheres e crianças. Lei de torpeza, que proscreve o coração, a moral e a honra, misturando a morte com o estupro, a viuvez com a prostituição, a ignomínia com a orfandade. Lei da mentira, na falsa história que escreve, nos falsos pretextos que invoca, na falsa ciência que

---

[1] Conferência proferida a 17 de março de 1917, em Petrópolis, em benefício da Cruz Vermelha dos Aliados. (N. do E.)

explora, na falsa dignidade que ostenta, na falsa bravura que assoalha, nas falsas liberdades que reivindica, fuzilando enfermeiras, atacando hospitais, metralhando povoações desarmadas, incendiando aldeias, bombardeando cidades abertas, minando as estradas navais do comércio, submergindo navios mercantes, canhoneando tripulações e passageiros refugiados nas lanchas de salvamento, abandonando as vítimas da cobardia das suas proezas marítimas aos mares revoltos e aos frios dos invernos boreais. Lei do sofisma, lei da inveja, lei da carniçaria, lei do instinto sanguinário, lei do homem brutificado, lei de Caim.

A paz e a lei[1]

A paz!! Não a vejo. Não há, como não pode existir, senão uma, é a que assenta na lei, na punição dos crimes, na responsabilidade dos culpados, na guarda rigorosa das instituições livres. Outra espécie de paz não é senão a paz da servidão, a paz indigna e aviltante dos países oprimidos, a paz abjeta que a nossa índole, o nosso regímen essencialmente repelem, a paz que humilha todos os homens honestos, a paz que nenhuma criatura humana pode tolerar sem abaixar a cabeça envergonhada.

Esta não é a paz que eu quero. Quando peço a observância da lei, é justamente porque a lei é o abrigo da tolerância e da bondade. Não há outra bondade real, senhores senadores, senão aquela que consiste na distribuição da justiça, isto é, no bem distribuído aos bons e no castigo dispensado aos maus.

E a tolerância, que vem a ser senão a observância da igualdade legal? Porventura temos sido nós iguais perante a lei, neste regímen, nestes quatro anos de governo, especialmente? Há algum chefe de partido, há algum cabeça de grupo, algum amigo íntimo da situação, algum parente ou chegado

---

[1] Discurso pronunciado no Senado Federal, a 13 de outubro de 1914. (N. do E.)

às autoridades, que não reúna em sua pessoa um feixe de regalias, que não goze de prerrogativas especiais, que não tenha em torno de sua individualidade uma guarda e defesa régia ou principesca?

Essa excursão, senhores senadores, me levaria longe e poderia por si só absorver os meus poucos minutos de tribuna nesta sessão.

Nas poucas vezes em que me atrevo a perturbar a serenidade absoluta deste recinto e a contrariar os sentimentos dos meus honrados colegas, tenho consciência, Sr. Presidente, de me ter colocado sempre em um plano que não se opõe nem à tolerância nem à paz; que é, ao contrário, o terreno onde a paz e a tolerância se devem estabelecer, o único terreno em que nós todos nos poderíamos aproximar e dar-nos as mãos, o terreno da reconciliação com a lei, com a República, com as suas instituições constantemente postergadas, debaixo da política sem escrúpulos da atualidade.

XI

A justiça e a morte[1]

Há hoje, à mesa em que vos sentais, uma cadeira vazia; dessa cadeira ergue-se uma sombra, que se estende sobre todo o tribunal. Será um vivo? Será um morto? Tão rápida é a transição, e tão recente a ausência, que, muitas vezes, no curso deste debate, não resistireis à ilusão da sua presença, da sua fisionomia, da sua toga, da sua voz, do seu olhar, como que fito agora mesmo em mim, no momento em que vos falo. Ao encetar desta campanha pelos oprimidos, pelos aflitos, ele estava entre vós; no meio dela, à véspera da conjuntura decisiva, uma intervenção imprevista arrebata-o ao areópago da justiça.

Ela continua a ser a justiça, como o oceano a ser o oceano, enquanto as ondas passam sobre as ondas perpetuamente, como as existências sobre as existências. Mas essa desaparição subitânea de um julgador dentre os julgadores, na hora do julgamento, nos embebe no sentimento da igualdade pelo sentimento da morte, mostrando-nos a rapidez com que, por

---

[1] Discurso proferido em 2 de setembro de 1893, no Supremo Tribunal Federal, em defesa do *habeas-corpus* em favor do Almirante Wandenkolk e de outros réus. Rui Barbosa faz alusão à morte do Barão de Sobral, um dos ministros do Supremo, que votara contra ele. (N. do E.)

obra de um minuto no infinito do tempo, os juízes, da majestade do pretório, onde julgavam, são transportados ao seio da obscura multidão inumerável, que aguarda a sua sentença no último plenário, à barra do Supremo Tribunal, o verdadeiro, aquele que não erra. Vosso nome é um nome de empréstimo, um reflexo dessa magistratura invisível, cujo primeiro elo os crentes puseram no céu, os estóicos na consciência, o instinto humano na opinião dos sobreviventes sobre os mortos, dos governados sobre os governantes, dos sentenciados sobre os sentenciadores. Instância passageira na hierarquia dessa função soberana, que em vós tem o seu órgão por excelência na terra, julgais hoje sem recurso, para amanhã serdes julgados sem indulgência. E agora, que exerceis essa autoridade envolvida em luto, estais mais perto que nunca da sua expressão mais sublime.

Eu não conheço duas grandezas tão vizinhas pela sua altitude, tão semelhantes pelas suas lições, tão paralelas na sua eternidade, como estas: a justiça e a morte. Ambas tristes e necessárias, ambas amargas e salvadoras, ambas suaves e terríveis, são como dois cimos de névoa e de luz, que se contemplam nas alturas imaculadas do horizonte. Em vão se agitará derredor dessas duas fatalidades inevitáveis tudo o que é mesquinho e efêmero no homem e na aglomeração social: as misérias da baixeza, da ambição e da crueldade, os apetites dos partidos, os cálculos, as irresponsabilidades e os triunfos dos déspotas, as fraquezas, os interesses e as traições dos intérpretes da lei, sacerdotes infiéis do seu culto, que a renegaram nas crises de provação. Quando muito, lucrarão adiar a hora da conta para a hora do desaparecimento, entrar para a expiação pela porta da posteridade. Mas uma incerteza indefinível envolve a região destas probabilidades formidáveis; e o tirano, que oprime, não sabe a quantos passos está da terra, que sepulta; o demagogo, que pede a iniqüidade, não mede quantas inalações do ar, que ele empesta, o separam da corrupção, que há de decompô-lo; o juiz, que deixa cair na urna inapelável uma esfera ímpia, não pressente quantas palpitações do coração o distanciam da reparação infalível. Muitos duvidarão de que essa justiça se consume numa vida futura; mas, ao menos, ela há de vir necessariamente nesta, e as testemunhas das suas decisões irreformáveis têm de ser os restos mais sensíveis de nossa alma, as partes mais vivas de nossa vida: nossos filhos, nossas viúvas, nossas famílias, os que usarem o nosso nome e perpetuarem o nosso sangue.

Neste momento, podeis crer, estamos todos nós numa cumeada eminente da história, e trabalhando para o porvir. Nossa palavra será recolhida no regaço do tempo como um oráculo de liberdade, ou como um agouro de ruína. A política, com as suas transações, os seus sofismas, os seus espantalhos, dissipar-se-á como a cerração dos maus dias. Mas o vosso aresto perdurará, fonte de energia, ou de cativeiro para muitas gerações, e as suas queixas, ou as suas bênçãos coroarão a vossa descendência.

XII

O jogo[1]

Mas há uma calamidade pior do que a loteria e a bolsa. Estas derivam, mas no segundo grau, de uma enfermidade humana, cuja descendência imediata é infinitamente mais reprovada e desastrosa. De todas as desgraças que penetram no homem pela algibeira, e arruínam o caráter pela fortuna, a mais grave é, sem dúvida nenhuma, essa: o jogo, o jogo na sua expressão mãe, o jogo na sua acepção usual, o jogo propriamente dito; em uma palavra: o jogo — os naipes, os dados, a mesa verde.

Permanente como as grandes endemias que devastam a humanidade, universal como o vício, furtivo como o crime, solapado no seu contágio como as invasões purulentas, corruptor de todos os estímulos morais como o álcool, ele zomba da decência, das leis e da polícia, abarca no domínio das suas emanações a sociedade inteira, nivela sob a sua deprimente igualdade todas as classes, mergulha na sua promiscuidade indiferente até os mais baixos volutabros do lixo social, alcança no requinte das suas seduções as alturas mais

---

[1] Discurso proferido no Senado Federal, a 13 de outubro de 1896, num manifesto de repúdio à inclinação para o jogo do Deputado César Zama. (N. do E.)

aristocráticas da inteligência, da riqueza, da autoridade; inutiliza gênios; degrada príncipes; emudece oradores; atira à luta política almas azedadas pelo calistismo habitual das paradas infelizes, à família corações degenerados pelo contato cotidiano de todas as impurezas, à concorrência do trabalho diurno os náufragos das noites tempestuosas do azar; e não raro a violência das indignações furiosas, que vêm estuar no recinto dos parlamentos, é apenas a ressaca das agitações e dos destroços das longas madrugadas do cassino.

XIII

Senador Moraes Barros: quadro horroroso e verdadeiro

S enador Rui Barbosa: Quantos destinos não se contam por aí, dominados exclusivamente na sua irremediável esterilidade pela ação desse fadário maligno! Quantas vidas, que a natureza dotara de prendas excelentes para a felicidade própria e o bem dos seus semelhantes, não se consomem, graças à tirania dessa paixão absorvente, no descontentamento, na revolta, na inveja, na malevolência habitual! Quantos fenômenos inexplicáveis de reação, de cólera, de ódio ao que existe, de despeito contra o que dura, de guerra ao que se eleva, de irreconciliabilidade com o que não se abaixa, não têm a sua origem nos contratempos e amarguras dessas existências aberradas, que, sacudidas continuamente pelas emoções do inesperado, se alimentam das suas surpresas, se estiolam com as suas decepções, e, vendo a felicidade repartir-se às cegas pela superfície do tabuleiro verde, acabam por supor que a sorte de todos, neste mundo, se distribui com a mesma casualidade, com a mesma desproporção, com a mesma injustiça, acabam por ver no merecimento, no esforço, na economia, na perseverança, coisas fictícias, estranhas, ou hostis, acabam por confundir o sudário divino dos mártires do trabalho com a pobreza exprobratória em que a ociosidade amortalha os desclassificados de todas as profissões!

Esse mal, que muitas vezes não se separa do lupanar senão

pelo tabique divisório entre a sala e a alcova; essa fatalidade, que rouba ao estudo tantos talentos, à indústria tantas forças, à probidade tantos caracteres, ao dever doméstico tantas virtudes, à pátria tantos heroísmos, reina sob a sua manifestação completa em esconderijos, onde a palavra se abastarda no calão, onde a personalidade humana se despe do seu pudor, onde a embriaguez da cobiça delira cínica e obscena, onde os maridos blasfemam pragas improferíveis contra a sua honra conjugal, onde, em uma comunhão odiosa, se contraem amizades inverossímeis, onde o menos que se gasta é o equilíbrio da alma, o menos que se arruína é o ideal, o menos que se dissipa é o tempo, estofo precioso de todas as obras-primas, de todas as utilidades sólidas, de todas as ações grandes.

Inumerável é o número de criaturas que a tentação, o exemplo, o instinto, o hábito, o acaso, a miséria levam a passar por esses latíbulos, cuja clientela vai periodicamente fazer-se apodrecer ali, por gozo, por necessidade, por avidez, e na corrupção de cujos mistérios cada iniciado se afaz a ir deixando ficar aos poucos a energia, a fé, o juízo, a nobreza, a honra, a temperança, a caridade, a flor de todos os afetos, cujo perfume embalsama e preserva o caráter.

Aqueles que, por uma reação do horror no fundo da consciência, logram salvar-se em tempo desses tremedais poderiam escrever a história da natureza humana vista sob aspectos inomináveis. Outros, porém, presas da vasa, que nunca mais os larga, rolam e imergem nela de decadência em decadência, cada vez mais saturados, cada vez mais infelizes, cada vez mais afundidos no infortúnio, até que a piedade infinita do termo de todas as coisas lhes recolha ao seio do eterno esquecimento os restos inúteis de um destino sem epitáfio.

Eis o jogo, o grande putrefator. Diátese cancerosa das raças anemizadas pela sensualidade e pela preguiça, ele entorpece, caleja e desviriliza os povos, nas fibras de cujo organismo insinuou o seu gérmen proliferante e inextirpável.

Os desvarios do encilhamento dão e passam como rápidos temporais. São irregularidades violentas das épocas de prosperidade e esperança. Só o jogo não conhece remitências: com a mesma continuidade com que devora as noites do homem ocupado e os dias do ocioso, os milhões do opulento e as migalhas do operário, tripudia uniformemente sobre as sociedades nas quadras de fecundidade e de penúria, de abastança e de fome, de alegria e de luto. É a lepra do vivo e o verme do cadáver.

□

DADOS BIOGRÁFICOS

Rui Barbosa, da oratória ao grande público

JEAN PIERRE CHAUVIN[1]

Por muitas vezes associou-se o nome de Rui Caetano Barbosa de Oliveira (1849-1923) ao de uma figura mítica, quase lendária. O homem notável em vida foi alçado à condição de gênio intocável *post mortem*, dono de imensa erudição, implacável oratória e vernáculo irrepreensível.

São qualificações parcialmente justas que, no entanto, parecem diluir ou esquecer o componente humano contido em sua faceta mais humilde, em meio à contribuição em diversas áreas para além do direito, a política e o jornalismo.

Nascido em Salvador (BA), Rui Barbosa iniciou os estudos de direito no Recife (PE), em 1866, e completou-os em São

---

[1] Doutor em Teoria Literária e Literatura Comparada, pela USP. Autor de *O Alienista: a teoria dos contrastes em Machado de Assis*, São Paulo, Reis Editorial, 2005.

Paulo, onde foi colega de Castro Alves e Joaquim Nabuco. Formado advogado, passa a atuar mais intensamente na política e na imprensa, sobretudo após se transferir para o Rio de Janeiro, na década de 1870.

Na capital federal, onde viveu a maior parte de sua vida, o jurista passou gradativamente para o terreno da política — sua grande paixão —, colecionando amizades influentes e bastante duradouras. Dentre elas, a de políticos, como Quintino Bocaiúva e Joaquim Nabuco, e homens de nossas letras, especialmente Machado de Assis, patrono da ABL.

Leitor voraz e minucioso anotador de livros das mais diversas áreas de interesse, desde cedo o futuro senador liberal e ministro da Fazenda demonstrou um firme posicionamento a respeito de assuntos espinhosos de seu tempo, contrário que era à monarquia e à manutenção da escravidão, e favorável à democratização do país.

Suas convicções também frutificaram, em grande parte, graças aos sólidos conhecimentos em direito e línguas — sobretudo inglês, francês e alemão —, bem como da literatura brasileira e outros saberes, como, por exemplo, o folclore nacional e mesmo a medicina.

Leitor assíduo, escritor incansável. Rui Barbosa deixou uma vastíssima produção bibliográfica, que vem sendo reunida e reeditada desde sua morte. Dela se destacam contribuições para as ciências políticas e admiráveis sínteses de obras literárias, sem que fosse propriamente um crítico da matéria. Dados da Fundação Casa de Rui Barbosa, no Rio de Janeiro, informam que o conjunto de seus escritos já ocupa a impressionante marca de cento e trinta e sete volumes.

Muitos dentre seus numerosos artigos contribuíram para a formulação ou revisão de vários códigos de nossa legislação, como a regulamentação do *habeas-corpus*, na época de Floriano Peixoto; a teoria da responsabilidade civil do Estado por atos dos seus funcionários; e é, em boa medida, a base legal da Constituição de 1891.

Considerem-se, ainda, os discursos de teor eminentemente

político, bem como as incursões pessoais de rara sensibilidade, como o tocante *Adeus a Machado de Assis*, proferido pelo próprio Rui diante do ataúde de Machado (em 30 de setembro de 1908), e *Oração aos moços*, lida quando paraninfo da turma de direito do Largo São Francisco (1920). Esta sua homenagem aos formandos foi um misto de agradecimento, confissão e aconselhamento para seus eventuais sucessores, permeado pela sensibilidade e sabedoria de um homem prestigiado nacional e mundialmente.

E essas são apenas algumas amostras do inegável apuro estético e verve deste notável articulador de nosso idioma, cujo rigor técnico burilou a partir das muitas leituras e experiências com a língua portuguesa, que amava e defendia como poucos.

Nacionalista ardoroso e combativo, Rui Barbosa se envolveu em questões assaz ruidosas ao longo de sua carreira entre o direito, a política e as letras. O ponto alto de seu envolvimento com as questões de foro público levou-o ao exílio, ao que se viu forçado em razão de desavenças de cunho ideológico com o então presidente Floriano Peixoto.

Nesse período — de 1893 a 1895 —, entre Buenos Aires, Lisboa e Londres, Rui Barbosa produziu notáveis artigos em periódicos, colaborando inclusive para o nosso *Jornal do Comércio*, que naquela época era impresso na Inglaterra. Esses ensaios resultaram no conhecido livro *Cartas da Inglaterra*, publicado anos depois de seu regresso ao Brasil.

Morto o marechal Floriano Peixoto, retorna ao Brasil, acompanhado da família, e retoma sua carreira política, com o aval de boa parte da população. Após a Conferência de Paz em Haia, candidatou-se à Presidência da República, disputando o cargo com o marechal Hermes da Fonseca, em 1909. Em 1919, volta a fazer campanha, sendo derrotado pela ação dos militares pró-Epitácio Pessoa. Vencido na esfera federal e desiludido com a incursão no campo político, Rui Barbosa volta-se com renovado afinco aos estudos de língua e literatura, ao final da vida, vindo a falecer em 1923, vitimado por uma série de moléstias.

Os registros dos elementos biográficos de Rui Barbosa — especialmente quando longe da tribuna ou da imprensa —, começaram a circular nos anos de 1940 e têm recebido contribuições notáveis. A despeito de o Autor ter sido visto por muito tempo como mero homem-símbolo do purismo gramatical, seu papel na cultura brasileira não se restringe à bem-sucedida produção de campanhas e textos. O conjunto de sua obra revela que o discurso bem-feito constituiu um dos pré-requisitos para aclarar o firme posicionamento político e a defesa dos ideais brasileiros, perante outras nações de maior poder político e financeiro ou pujança econômica.

Profundo conhecedor da legislação de outros países, especialmente a inglesa, a francesa e a estadunidense, Rui Barbosa foi inovador ao falar sobre a legislação brasileira, e persistiu na defesa dos direitos a diversos segmentos profissionais, sem poupar ressalvas aos políticos de seu tempo, fossem eles estrangeiros ou não. É o que evidencia sua célebre participação na já citada Segunda Conferência de Haia, em meados de 1907. Nessa oportunidade, improvisou discurso em resposta à injustificada repreenda que lhe fizera o segundo-delegado russo, Frederico de Martens. Este afirmara que o evento não seria um fórum de caráter político, devendo abordagens de tal natureza ser "excluídas das deliberações da Comissão". A resposta de Rui Barbosa, nosso embaixador e primeiro-delegado, feita no calor da hora, demonstra o seu profundo conhecimento acerca do direito internacional e da política. O discurso que proferiu revela domínio da língua francesa, além de notável habilidade de orar com extrema lógica e clareza. Esses fatores é que trouxeram o seu reconhecimento pelos demais conferencistas até o final do encontro: Rui Barbosa, "Águia de Haia".

É tempo de renovar a visão sobre Rui Barbosa. Trata-se de nome mais discutido do que lido, mais citado do que conhecido.

Para saber mais

BARBOSA, Rui. *Oração aos moços*, Editora Martin Claret, 2007.

Deuxième Conférence de La Paix – Actes et Discours de M. Rui Barbosa, La Haye, 1907.

MAGALHÃES, Rejane. *Rui Barbosa: cronologia da vida e obra*, Rio de Janeiro, Fundação Casa de Rui Barbosa, 1999.

MANGABEIRA, João. *Rui: o estadista da República*, Rio de Janeiro, Biblioteca Básica Brasileira, 1999.

MELO, Gladstone Chaves de. *A língua e o estilo de Rui Barbosa*, Rio de Janeiro, Ed. Gladstone Chaves de Melo, 1950.

NOGUEIRA, Rubem. *O advogado Rui Barbosa*, 4ª. ed, Belo Horizonte, Nova Alvorada, 1996.

_____. *Rui Barbosa: combatente da legalidade*, Rio de Janeiro, Record, 1999.

OCTAVIO, Rodrigo. *Minhas memórias dos outros*, Rio de Janeiro, Civilização Brasileira, 1978/1979, 3 volumes.

PALHA, Américo. *A vida de Rui Barbosa*, Rio de Janeiro, Record, 1965.

Índice

O Divórcio

I. O divórcio no Senado 13
II. O divórcio e a nação 19
III. A mãe dos adiantados 25
IV. Um painel oportuno 35
V. O divórcio nos Estados Unidos 41
VI. O divórcio na Alemanha 49
VII. O divórcio na Inglaterra 55

As Bases da Fé

I 63
II 79
III 99

Outros textos

I. O que é política 115
II. A política e a calúnia 121
III. Liberdade 123
IV. A justiça e a lei 131
V. A lei 133
VI. Igualdade perante a lei 135

VII. A justiça e o Estado 137
VIII. A privação da justiça 139
IX. A lei de Caim 141
X. A paz e a lei 143
XI. A justiça e a morte 145
XII. O jogo 149
XIII. Senador Moraes Barros: quadro horroroso
  e verdadeiro 151

Dados biográficos 155

Os Objetivos, a Filosofia e a Missão da Editora Martin Claret

O principal Objetivo da MARTIN CLARET é continuar a desenvolver uma grande e poderosa empresa editorial brasileira, para melhor servir a seus leitores.

A Filosofia de trabalho da MARTIN CLARET consiste em criar, inovar, produzir e distribuir, sinergicamente, livros da melhor qualidade editorial e gráfica, para o maior número de leitores e por um preço economicamente acessível.

A Missão da MARTIN CLARET é conscientizar e motivar as pessoas a desenvolver e utilizar o seu pleno potencial espiritual, mental, emocional e social.

A MARTIN CLARET está empenhada em contribuir para a difusão da educação e da cultura, por meio da democratização do livro, usando todos os canais ortodoxos e heterodoxos de comercialização.

A MARTIN CLARET, em sua missão empresarial, acredita na verdadeira função do livro: o livro muda as pessoas.

A MARTIN CLARET, em sua vocação educacional, deseja, por meio do livro, claretizar, otimizar e iluminar a vida das pessoas.

Revolucione-se: leia mais para ser mais!

MARTIN CLARET

Relação dos Volumes Publicados

1. **Dom Casmurro** — Machado de Assis
2. **O Príncipe** — Maquiavel
3. **Mensagem** — Fernando Pessoa
4. **O Lobo do Mar** — Jack London
5. **A Arte da Prudência** — Baltasar Gracián
6. **Iracema / Cinco Minutos** — José de Alencar
7. **Inocência** — Visconde de Taunay
8. **A Mulher de 30 Anos** — Honoré de Balzac
9. **A Moreninha** — Joaquim Manuel de Macedo
10. **A Escrava Isaura** — Bernardo Guimarães
11. **As Viagens - "Il Milione"** — Marco Polo
12. **O Retrato de Dorian Gray** — Oscar Wilde
13. **A Volta ao Mundo em 80 Dias** — Júlio Verne
14. **A Carne** — Júlio Ribeiro
15. **Amor de Perdição** — Camilo Castelo Branco
16. **Sonetos** — Luís de Camões
17. **O Guarani** — José de Alencar
18. **Memórias Póstumas de Brás Cubas** — Machado de Assis
19. **Lira dos Vinte Anos** — Álvares de Azevedo
20. **Apologia de Sócrates / Banquete** — Platão
21. **A Metamorfose / Um Artista da Fome / Carta a Meu Pai** — Franz Kafka
22. **Assim Falou Zaratustra** — Friedrich Nietzsche
23. **Triste Fim de Policarpo Quaresma** — Lima Barreto
24. **A Ilustre Casa de Ramires** — Eça de Queirós
25. **Memórias de um Sargento de Milícias** — Manuel Antônio de Almeida
26. **Robinson Crusoé** — Daniel Defoe
27. **Espumas Flutuantes** — Castro Alves
28. **O Ateneu** — Raul Pompéia
29. **O Noviço / O Juiz de Paz da Roça / Quem Casa Quer Casa** — Martins Pena
30. **A Relíquia** — Eça de Queirós
31. **O Jogador** — Dostoiévski
32. **Histórias Extraordinárias** — Edgar Allan Poe
33. **Os Lusíadas** — Luís de Camões
34. **As Aventuras de Tom Sawyer** — Mark Twain
35. **Bola de Sebo e Outros Contos** — Guy de Maupassant
36. **A República** — Platão
37. **Elogio da Loucura** — Erasmo de Rotterdam
38. **Caninos Brancos** — Jack London
39. **Hamlet** — William Shakespeare
40. **A Utopia** — Thomas More
41. **O Processo** — Franz Kafka
42. **O Médico e o Monstro** — Robert Louis Stevenson
43. **Ecce Homo** — Friedrich Nietzsche
44. **O Manifesto do Partido Comunista** — Marx e Engels
45. **Discurso do Método / Regras para a Direção do Espírito** — René Descartes
46. **Do Contrato Social** — Jean-Jacques Rousseau
47. **A Luta pelo Direito** — Rudolf von Ihering
48. **Dos Delitos e das Penas** — Cesare Beccaria
49. **A Ética Protestante e o Espírito do Capitalismo** — Max Weber
50. **O Anticristo** — Friedrich Nietzsche
51. **Os Sofrimentos do Jovem Werther** — Goethe
52. **As Flores do Mal** — Charles Baudelaire
53. **Ética a Nicômaco** — Aristóteles
54. **A Arte da Guerra** — Sun Tzu
55. **Imitação de Cristo** — Tomás de Kempis
56. **Cândido ou o Otimismo** — Voltaire
57. **Rei Lear** — William Shakespeare
58. **Frankenstein** — Mary Shelley
59. **Quincas Borba** — Machado de Assis
60. **Fedro** — Platão
61. **Política** — Aristóteles
62. **A Viuvinha / Encarnação** — José de Alencar
63. **As Regras do Método Sociológico** — Émile Durkheim
64. **O Cão dos Baskervilles** — Sir Arthur Conan Doyle
65. **Contos Escolhidos** — Machado de Assis
66. **Da Morte / Metafísica do Amor / Do Sofrimento do Mundo** — Arthur Schopenhauer
67. **As Minas do Rei Salomão** — Henry Rider Haggard
68. **Manuscritos Econômico-Filosóficos** — Karl Marx
69. **Um Estudo em Vermelho** — Sir Arthur Conan Doyle
70. **Meditações** — Marco Aurélio
71. **A Vida das Abelhas** — Maurice Materlinck
72. **O Cortiço** — Aluísio Azevedo
73. **Senhora** — José de Alencar
74. **Brás, Bexiga e Barra Funda / Laranja da China** — Antônio de Alcântara Machado
75. **Eugênia Grandet** — Honoré de Balzac
76. **Contos Gauchescos** — João Simões Lopes Neto
77. **Esaú e Jacó** — Machado de Assis
78. **O Desespero Humano** — Sören Kierkegaard
79. **Dos Deveres** — Cícero
80. **Ciência e Política** — Max Weber
81. **Satíricon** — Petrônio
82. **Eu e Outras Poesias** — Augusto dos Anjos
83. **Farsa de Inês Pereira / Auto da Barca do Inferno / Auto da Alma** — Gil Vicente
84. **A Desobediência Civil e Outros Escritos** — Henry David Toreau
85. **Para Além do Bem e do Mal** — Friedrich Nietzsche
86. **A Ilha do Tesouro** — R. Louis Stevenson
87. **Marília de Dirceu** — Tomás A. Gonzaga
88. **As Aventuras de Pinóquio** — Carlo Collodi
89. **Segundo Tratado Sobre o Governo** — John Locke
90. **Amor de Salvação** — Camilo Castelo Branco
91. **Broquéis / Faróis / Últimos Sonetos** — Cruz e Souza
92. **I-Juca-Pirama / Os Timbiras / Outros Poemas** — Gonçalves Dias
93. **Romeu e Julieta** — William Shakespeare
94. **A Capital Federal** — Arthur Azevedo
95. **Diário de um Sedutor** — Sören Kierkegaard
96. **Carta de Pero Vaz de Caminha a El-Rei Sobre o Achamento do Brasil**
97. **Casa de Pensão** — Aluísio Azevedo
98. **Macbeth** — William Shakespeare
99. **Édipo Rei / Antígona** — Sófocles
100. **Lucíola** — José de Alencar
101. **As Aventuras de Sherlock Holmes** — Sir Arthur Conan Doyle
102. **Bom-Crioulo** — Adolfo Caminha
103. **Helena** — Machado de Assis
104. **Poemas Satíricos** — Gregório de Matos

105. **Escritos Políticos / A Arte da Guerra**
Maquiavel

106. **Ubirajara**
José de Alencar

107. **Diva**
José de Alencar

108. **Eurico, o Presbítero**
Alexandre Herculano

109. **Os Melhores Contos**
Lima Barreto

110. **A Luneta Mágica**
Joaquim Manuel de Macedo

111. **Fundamentação da Metafísica dos Costumes e Outros Escritos**
Immanuel Kant

112. **O Príncipe e o Mendigo**
Mark Twain

113. **O Domínio de Si Mesmo Pela Auto-Sugestão Consciente**
Emile Coué

114. **O Mulato**
Aluísio Azevedo

115. **Sonetos**
Florbela Espanca

116. **Uma Estadia no Inferno / Poemas / Carta do Vidente**
Arthur Rimbaud

117. **Várias Histórias**
Machado de Assis

118. **Fédon**
Platão

119. **Poesias**
Olavo Bilac

120. **A Conduta para a Vida**
Ralph Waldo Emerson

121. **O Livro Vermelho**
Mao Tsé-Tung

122. **Oração aos Moços**
Rui Barbosa

123. **Otelo, o Mouro de Veneza**
William Shakespeare

124. **Ensaios**
Ralph Waldo Emerson

125. **De Profundis / Balada do Cárcere de Reading**
Oscar Wilde

126. **Crítica da Razão Prática**
Immanuel Kant

127. **A Arte de Amar**
Ovídio Naso

128. **O Tartufo ou O Impostor**
Molière

129. **Metamorfoses**
Ovídio Naso

130. **A Gaia Ciência**
Friedrich Nietzsche

131. **O Doente Imaginário**
Molière

132. **Uma Lágrima de Mulher**
Aluísio Azevedo

133. **O Último Adeus de Sherlock Holmes**
Sir Arthur Conan Doyle

134. **Canudos - Diário de Uma Expedição**
Euclides da Cunha

135. **A Doutrina de Buda**
Siddharta Gautama

136. **Tao Te Ching**
Lao-Tsé

137. **Da Monarquia / Vida Nova**
Dante Alighieri

138. **A Brasileira de Prazins**
Camilo Castelo Branco

139. **O Velho da Horta/Quem Tem Farelos?/Auto da Índia**
Gil Vicente

140. **O Seminarista**
Bernardo Guimarães

141. **O Alienista**
Machado de Assis

142. **Sonetos**
Manuel du Bocage

143. **O Mandarim**
Eça de Queirós

144. **Noite na Taverna/Macário**
Álvares de Azevedo

145. **Viagens na Minha Terra**
Almeida Garrett

146. **Sermões Escolhidos**
Padre Antonio Vieira

147. **Os Escravos**
Castro Alves

148. **O Demônio Familiar**
José de Alencar

149. **A Mandrágora / Belfagor, o Arquidiabo**
Maquiavel

150. **O Homem**
Aluísio Azevedo

151. **Arte Poética**
Aristóteles

152. **A Megera Domada**
William Shakespeare

153. **Alceste/Electra/Hipólito**
Eurípedes

154. **O Sermão da Montanha**
Huberto Rohden

155. **O Cabeleira**
Franklin Távora

156. **Rubáiyát**
Omar Khayyám

157. **Luzia-Homem**
Domingos Olímpio

158. **A Cidade e as Serras**
Eça de Queirós

159. **A Retirada da Laguna**
Visconde de Taunay

160. **A Viagem ao Centro da Terra**
Júlio Verne

161. **Caramuru**
Frei Santa Rita Durão

162. **Clara dos Anjos**
Lima Barreto

163. **Memorial de Aires**
Machado de Assis

164. **Bhagavad Gita**
Krishna

165. **O Profeta**
Khalil Gibran

166. **Aforismos**
Hipócrates

167. **Kama Sutra**
Vatsyayana

168. **O Livro da Jângal**
Rudyard Kipling

169. **De Alma para Alma**
Huberto Rohden

170. **Orações**
Cícero

171. **Sabedoria das Parábolas**
Huberto Rohden

172. **Salomé**
Oscar Wilde

173. **Do Cidadão**
Thomas Hobbes

174. **Porque Sofremos**
Huberto Rohden

175. **Einstein: o Enigma do Universo**
Huberto Rohden

176. **A Mensagem Viva do Cristo**
Huberto Rohden

177. **Mahatma Gandhi**
Huberto Rohden

178. **A Cidade do Sol**
Tommaso Campanella

179. **Setas para o Infinito**
Huberto Rohden

180. **A Voz do Silêncio**
Helena Blavatsky

181. **Frei Luís de Sousa**
Almeida Garrett

182. **Fábulas**
Esopo

183. **Cântico de Natal / Os Carrilhões**
Charles Dickens

184. **Contos**
Eça de Queirós

185. **O Pai Goriot**
Honoré de Balzac

186. **Noites Brancas e Outras Histórias**
Dostoiévski

187. **Minha Formação**
Joaquim Nabuco

188. **Pragmatismo**
William James

189. **Discursos Forenses**
Enrico Ferri

190. **Medéia**
Eurípedes

191. **Discursos de Acusação**
Enrico Ferri

192. **A Ideologia Alemã**
Marx & Engels

193. **Prometeu Acorrentado**
Esquilo

194. **Iaiá Garcia**
Machado de Assis

195. **Discursos no Instituto dos Advogados Brasileiros / Discurso no Colégio Anchieta**
Rui Barbosa

196. **Édipo em Colono**
Sófocles

197. **A Arte de Curar pelo Espírito**
Joel S. Goldsmith

198. **Jesus, o Filho do Homem**
Khalil Gibran

199. **Discurso sobre a Origem e os Fundamentos da Desigualdade entre os Homens**
Jean-Jacques Rousseau

200. **Fábulas**
La Fontaine

201. **O Sonho de Uma Noite de Verão**
William Shakespeare

202. **Maquiavel, o Poder**
José Nivaldo Junior

203. **Ressurreição**
Machado de Assis

204. **O Caminho da Felicidade**
Huberto Rohden

205. **A Velhice do Padre Eterno**
Guerra Junqueiro

206. **O Sertanejo**
José de Alencar

207. **Gitanjali**
Rabindranath Tagore

208. **Senso Comum**
Thomas Paine

209. **Canaã**
Graça Aranha

210. **O Caminho Infinito**
Joel S. Goldsmith

211. **Pensamentos**
Epicuro

212. **A Letra Escarlate**
Nathaniel Hawthorne

213. **Autobiografia**
Benjamin Franklin

214. **Memórias de Sherlock Holmes**
Sir Arthur Conan Doyle

215. **O Dever do Advogado / Posse de Direitos Pessoais**
Rui Barbosa

216. **O Tronco do Ipê**
José de Alencar

217. **O Amante de Lady Chatterley**
D. H. Lawrence

218. **Contos Amazônicos**
Inglez de Souza

219. **A Tempestade**
William Shakespeare

220. **Ondas**
Euclides da Cunha

221. **Educação do Homem Integral**
Huberto Rohden

222. **Novos Rumos para a Educação**
Huberto Rohden

223. **Mulherzinhas**
Louise May Alcott

224. **A Mão e a Luva**
Machado de Assis

225. **A Morte de Ivan Ilicht / Senhores e Servos**
Leon Tolstói

226. **Álcoois**
Apollinaire

227. **Pais e Filhos**
Ivan Turguéniev

228. **Alice no País das Maravilhas**
Lewis Carroll

229. **À Margem da História**
Euclides da Cunha

230. **Viagem ao Brasil**
Hans Staden

231. **O Quinto Evangelho**
Tomé

232. **Lorde Jim**
Joseph Conrad

233. **Cartas Chilenas**
Tomás Antônio Gonzaga

235. **Do Cativeiro Babilônico da Igreja**
Martinho Lutero

236. **O Coração das Trevas**
Joseph Conrad

237. **Thais**
Anatole France

238. **Andrômaca / Fedra**
Racine

239. **As Catilinárias**
Cícero

240. **Recordações da Casa dos Mortos**
Dostoiévski

241. **O Mercador de Veneza**
William Shakespeare

242. **A Filha do Capitão / A Dama de Espadas**
Aleksandr Púchkin

243. **Orgulho e Preconceito**
Jane Austen

244. **A Volta do Parafuso**
Henry James

245. **O Gaúcho**
José de Alencar

246. **Tristão e Isolda**
Lenda Medieval Celta de Amor

247. **Poemas Completos de Alberto Caeiro**
Fernando Pessoa

248. **Maiakóvski**
Vida e Poesia

249. **Sonetos**
William Shakespeare

250. **Poesia de Ricardo Reis**
Fernando Pessoa

251. **Papéis Avulsos**
Machado de Assis

252. **Contos Fluminenses**
Machado de Assis

254. **A Oração da Coroa**
Demóstenes

255. **O Castelo**
Franz Kafka

256. **O Trovejar do Silêncio**
Joel S. Goldsmith

257. **Alice na Casa dos Espelhos**
Lewis Carrol

258. **Miséria da Filosofia**
Karl Marx

259. **Júlio César**
William Shakespeare

260. **Antônio e Cleópatra**
William Shakespeare

261. **Filosofia da Arte**
Huberto Rohden

262. **A Alma Encantadora das Ruas**
João do Rio

263. **A Normalista**
Adolfo Caminha

264. **Pollyanna**
Eleanor H. Porter

265. **As Pupilas do Senhor Reitor**
Júlio Diniz

266. **As Primaveras**
Casimiro de Abreu

270. **Cancioneiro**
Fernando Pessoa

272. **O Divórcio / As Bases da Fé / e outros textos**
Rui Barbosa

Série Ouro
(Livros com mais de 400 p.)

1. **Leviatã**
Thomas Hobbes

2. **A Cidade Antiga**
Fustel de Coulanges

3. **Crítica da Razão Pura**
Immanuel Kant

4. **Confissões**
Santo Agostinho

5. **Os Sertões**
Euclides da Cunha

6. **Dicionário Filosófico**
Voltaire

7. **A Divina Comédia**
Dante Alighieri

8. **Ética Demonstrada à Maneira dos Geômetras**
Baruch de Spinoza

9. **Do Espírito das Leis**
Montesquieu

10. **O Primo Basílio**
Eça de Queirós

11. **O Crime do Padre Amaro**
Eça de Queirós

12. **Crime e Castigo**
Dostoiévski

13. **Fausto**
Goethe

14. **O Suicídio**
Émile Durkheim

15. **Odisséia**
Homero

16. **Paraíso Perdido**
John Milton

17. **Drácula**
Bram Stocker

18. **Ilíada**
Homero

19. **As Aventuras de Huckleberry Finn**
Mark Twain

20. **Paulo – O 13º Apóstolo**
Ernest Renan

21. **Eneida** - *Virgílio*

22. **Pensamentos**
Blaise Pascal

23. **A Origem das Espécies**
Charles Darwin

24. **Vida de Jesus**
Ernest Renan

25. **Moby Dick**
Herman Melville

26. **Os Irmãos Karamazovi**
Dostoiévski

27. **O Morro dos Ventos Uivantes**
Emily Brontë

28. **Vinte Mil Léguas Submarinas**
Júlio Verne

29. **Madame Bovary**
Gustave Flaubert

30. **O Vermelho e o Negro**
Stendhal

31. **Os Trabalhadores do Mar**
Victor Hugo

32. **A Vida dos Doze Césares**
Suetônio

34. **O Idiota**
Dostoiévski

35. **Paulo de Tarso**
Huberto Rohden

36. **O Peregrino**
John Bunyan

37. **As Profecias**
Nostradamus

38. **Novo Testamento**
Huberto Rohden

39. **O Corcunda de Notre Dame**
Victor Hugo

40. **Arte de Furtar**
Anônimo do século XVII

41. **Germinal**
Emile Zola

42. **Folhas de Relva**
Walt Whitman

43. **Ben-Hur — Uma História dos Tempos de Cristo**
Lew Wallace

44. **Os Maias**
Eça de Queirós

45. **O Livro da Mitologia**
Thomas Bulfinch

47. **Poesia de Álvaro de Campos**
Fernando Pessoa

48. **Jesus Nazareno**
Huberto Rohden

49. **Grandes Esperanças**
Charles Dickens

50. **A Educação Sentimental**
Gustave Flaubert

53. **Os Miseráveis (Volume I)**
Victor Hugo

54. **Os Miseráveis (Volume II)**
Victor Hugo

55. **Dom Quixote de La Mancha (Volume I)**
Miguel de Cervantes

56. **Dom Quixote de La Mancha (Volume II)**
Miguel de Cervantes

58. **Contos Escolhidos**
Artur Azevedo